상위 1%는 빨리 걷는 사람과 일하지 않는다

상위 1%는 빨리 걷는 사람과 일하지 않는다

서른이 넘어서도 　　　조급한 당신에게

장샤오형 지음 | 하은지 옮김

앞만 보고 달려가느라
지치진 않았는가.

인생은 '선착순 경품 행사'가 아니다

다들 속도에 미쳐 있다. 동영상을 볼 때는 습관처럼 빨리 감기를 누르고 댓글을 볼 때도 베스트 댓글부터 본다. 택배는 당일 배송, 사진은 즉석 사진, 열차는 자기부상열차, 비행기는 직항을 선호한다. 일할 때는 명예와 돈, 두 마리 토끼를 한 번에 잡으려고 하고, 하루아침에 벼락부자가 되는 걸 꿈꾸며 창업에 뛰어든다. 결혼 상대로는 이미 차와 집을 가진 사람을 선호하며 무언가를 줄 서서 기다리는 걸 별로 좋아하지 않는다. 이런 것들이 뜻대로 되지 않으면 대체 왜 나만 이렇게 느리냐며 불평한다.

언론계에서 '이슈의 발원지'라는 명예로운 칭호를 얻은 매거진 〈신주간〉에서는 현대인을 이렇게 묘사했다. 시대는 점점 우리에게 빠른 속도를 요구하며 우리는 그 속에서 모두 '성격 급한' 사람으로 변해가고 있다.

현대인들은 모두 '조급증'을 앓고 있다. 그들이 유일하게 하는 일은 아침에 일어나 회사에 가고, 밥을 먹고, 잠을 자는 것이다. 아름다운 것들을 감상하거나 향기로운 꽃냄새를 맡을 여유 따위는 없다. 식물을 돌보는 일은 사치나 다름없다. 여행은 언감생심, 엄두도 내지 못하는 그들은 근처 공원에 꽃이 피었는지 안 피었는지조차 모른 채 바쁘게 살아간다.

성격이 급한 사람은 마음이 이리저리 떠돌고 무엇을 하든 불안에 떤다. 작은 일에도 집중하지 못하는 사람에게 큰일을 해낼 기회는 당연히 오지 않는다. 감정이 앞서다 보니 쉽게 화를 내 인간관계는 갈수록 엉망이 되고 주변에 미움을 사거나 폐를 끼친다. 결국 얻는 것보다 잃는 게 더 많아진다. 그런 의미에서 알리바바그룹의 초대 회장 마윈이 한 말이 있다. "나는 빨리 걷는 사람과 일하지 않는다."

인생은 '선착순 경품 행사'가 아니다. 그런데도 급한 성격 때문에 손해 보는 사람들이 점점 더 많아지고 있다. 일상생활 또는 회사에서 우리는 자꾸만 '빨리빨리'를 외쳐댄다. 무슨 일이든 빨리 성과를 내고 싶어서다. 그러나 급히 먹는 밥이 체하는 법. 사람은 긴장할수록 여유를 잃고 조급해지지만 결과는 기대와 정반대로 흘러간다. 어떻게 해야 이런 상황을 막을 수 있을까?

'움직일 바에 가만히 있는 편이 낫다'라는 말처럼 무슨 일을 할 때는 정신을 집중하고 에너지를 저장했다가 한 번에 쏟아부어야 효율을 낼 수 있다. 긴장될수록 걸음을 늦추고 눈을 들어 주변을 살펴보자. 그런 다음 이 일을 계속 진행해도 될지 잘 생각해보고 결정해도 늦지 않다.

가장 짧은 길이라고 해서 항상 가장 빠른 것은 아니다. 사람들은 어떻게 해서든지 짧은 길을 선택해서 남들보다 빨리 목적지에 도달하려고 한다. 하지만 경로가 짧다고 항상 일찍 도착하는 건 아니다. 복권을 사면 사지 않은 사람보다 당첨될 확률은 높지만, 모두가 당첨되는 건 아니지 않은가. 그런데도 사람들은 희망을 품고 심지어 자신의 모든 걸 걸어 복권을 구매한다. 인생이라는 여정은 천천히 걸어가도 전혀 문제 되지 않는다. 조급함을 버리자. '짧은 길'이 아닌 '빠른 길'을 제대로 선택해서 걸어가자.

성공은 하루아침에 이뤄지지 않는다. 매일 조금씩 성장할 수 있다면, 설령 매일 1%만큼의 아주 작은 성장이라 할지라도 성공을 향해 걸어가는 당신을 막을 수 있는 것은 아무것도 없다.

하버드대학의 이 가르침은 '어제보다 나은 오늘의 나'로 살아가는 인생이야말로 성공한 인생이라는 교훈을 준다. 낙숫물이 바위를 뚫듯 포기하지 않는 의지와 인내심을 갖고 어제보다 나은 내가 되기 위해 노력한다면 성공은 언젠가 당신의 손안에 들어올 것이다. 성공은 매일의 한 걸음이 쌓여서 만들어진다.

당황하지 말자. 냉정해야 승리를 거머쥘 수 있다. 성격 급한 사람들은 어떤 일이 생겼을 때, 특히 시급한 일이 생기면 당황해서 어쩔 줄 몰라 하다가 결국 일을 망친다. 당황하지 않고 서두르지 않는 습관을 기르면 무슨 일이든 침착하게 잘 처리할 수 있다.

인맥을 논하기 전에 먼저 유능한 사람이 되자. 성격 급한 사람들은 성공도 빨리 하고 싶어서 대학을 졸업하자마자 인맥을 쌓는 데 몰두한다. 하지만 실제로 유명 인사들의 명함을 받았다고 해도, 업계 내 대가들을 알게 되었다고 해도 그건 단지 그들을 '알게 된 것' 뿐이다. 그 이상도 그 이하도 아니다. 그들은 당신과 친분을 쌓거나 인연을 이어갈 마음이 없다. 인맥을 쌓는 데 급급하지 말자. 내가 먼저 유능한 사람이 되고 난 뒤에 인맥을 논해도 늦지 않다.

조용히, 묵묵히 외로움과 고독함을 견뎌내자. 원하는 결과를 얻고 싶다면 당신의 의지를 꺾는 모든 번뇌를 덜어내야 하며 당신의 결정과 행동을 방해하는 요소를 없애야 한다. 외로움과 쓸쓸함에 잠식당하지 않도록 끝까지 버텨내야 진정한 승리가 찾아온다. 세상이 빠르게 변한다고 우리도 같이 빨라질 필요는 없다. 걸음을 늦추고, 조금 더 여유롭게 당신의 삶을 품어주도록 하라.

천천히 걸어가자. 진정한 아름다움은 사소하고 평범한 일상 속에 깃들어 있다. 걸음을 늦추면 주변 풍경이 눈에 들어오고 소중한 사람들과 만날 시간이 더 많아진다. 아무리 바빠도 모든 사람에게 하루 24시간이 주어지는 건 똑같다. 바쁘더라도 잠시 여유롭게 공원 벤치에 앉아 파란 하늘을 바라보며 새들의 지저귐을 듣다 보면 마음속 번뇌와 걱정이 눈 녹듯 사라질지도 모른다. 그런 게 인생을 진정으로 즐기는 자세다. 왜 자꾸만 빠르게 돌아가는 삶의 쳇바퀴에 몸을 던지려 하는가.

'동쪽 울타리 밑에서 국화를 꺾어 들고 한가롭게 저 먼 남쪽 산을 바라보네.' 고대 시인 도연명은 여유로운 삶을 즐기면서 자신의 꿈을 펼쳤다. 그러나 현대인들에게는 도연명의 여유로움을 찾아보기 힘들다. 1초의 시간도 2초로 쪼개어 쓰려고 한다. 진정한 아름다움은 오래오래, 천천히 흘러가는 법이다. 걸음을 조금만 늦춰보자. 이 세상이 얼마나 아름답고 따뜻한 곳이었는지 새삼스레 느낄 것이다.

• 차례 •

"멈추지 않는 이상

얼마나 천천히 가는지는 문제가 되지 않는다."

사상가 공자 孔子

제1장

'빨리빨리 증후군'에
걸린 사람들

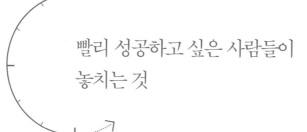

빨리 성공하고 싶은 사람들이 놓치는 것

많은 청년들이 대학을 졸업하자마자 자기 이름으로 된 집과 차를 갖기 위해 열을 올린다. 젊은 나이에 기업체의 CEO가 되려고 안간힘을 쓰기도 한다. 특히 주변에서 잘나가는 동기의 소식이라도 들려오면 조급함에 불안감이 더해져 입맛도 떨어지고 밤새 뒤척이게 된다.

하루라도 빨리 성공하고 싶은 사람들은 먹고 마시는 시간을 쪼개고 잠까지 줄여가면서 어떻게든 자기보다 한발 앞서간 사람들을 따라잡으려 애쓴다. 남들은 40대에 이룬 성공을 자신은 20대에 손에 넣겠다는 꿈을 품거나, 10년이 걸리는 레이스를 3년 만에 완주하겠다는 당찬 계획을 세우기도 한다. 그러는 사이 몸과 마음은 지칠 대로 지쳐간다. 분명 20대인데도 40대처럼 얼굴이 삭은 탓에 친구들은 "뭘 그렇게 급하게 나이를 먹느냐"며 놀려댄다.

자고로 급히 먹는 밥이 체하는 법이다. 매사에 그렇게 '빨리', '서둘러'를 외치다 보면 결국에는 기진맥진해서 쓰러지기 마련이고 결승점은 눈에서 아득히 멀어진다.

혈기 왕성한 소년이 하루빨리 성공하고 싶은 마음에 검술의 달인을 찾아가 자신의 스승이 되어달라고 부탁했다. 달인은 그 요청을 받아들이고 성심껏 검술을 전수했다. 어느 날, 소년이 스승에게 물었다.

"스승님, 검술을 전부 다 배우려면 얼마나 걸립니까?"

스승은 침착하면서도 단호한 말투로 대답했다.

"10년이 걸린다."

"만일 제가 온 힘을 다해 밤낮으로 쉬지 않고 수련하면 얼마나 걸립니까?"

"그럼 30년이 걸린다."

소년은 초조해서 발이라도 동동 구르고 싶은 심정이었다.

"만일 제가 목숨을 걸고 죽기 살기로 수련한다면 어떨까요? 그럼 더 빨리 배울 수 있지 않겠습니까?"

그러나 스승의 대답은 더욱 담담했다.

"그럼 70년이 걸린다."

인내심 없이는 큰일을 이룰 수 없다. '급할수록 돌아가라'라는 속 담도 있지 않은가. 북경대학의 경제학과 교수 장웨이잉張維迎이 졸업 식에서 했던 유명한 연설이 있다. "저는 북경대학을 졸업하는 여러 분이 행여나 꿈이 없진 않을까, 큰 포부가 없진 않을까 걱정하지 않 습니다. 다만, 너무 성급하게 그 꿈을 이루려 욕심내진 않을까 염려 될 뿐입니다."

세상에 하루아침에 이루어지는 일은 아무것도 없다. 오랜 시간 노력과 헌신을 통해 부단히 능력을 쌓아야만 달콤한 성공을 맛볼 수 있다. 그런데도 우리는 성공한 사람들에게 쏟아지는 스포트라이 트와 박수갈채에만 주목한 나머지 그들이 그동안 흘린 피와 땀, 눈 물은 쉽게 간과한다.

중국의 유명한 리뷰 사이트 '더우반' 출신의 인기 작가 '혼자 걷는 고 양이'가 쓴《오늘을 사는 용기》(다온북스)는 청년 독자들에게 폭발적 인 인기를 얻었다. 물론 그녀도 처음부터 일이 잘 풀렸던 건 아니다.

23살에 대학을 졸업한 그녀 역시 다른 졸업생들처럼 막막하고 불안했다. 영어 실력이 그다지 썩 좋은 편이 아니었던 그녀는 해외 유학파들이 많았던 첫 직장에서 겨뤄봤자 승산이 없는 영어 말고 차라리 모국어 실력을 갈고닦자고 마음먹었다.

그날 이후 매일 조금씩 글을 쓰기 시작했다. 당시 신입사원이었던 터라 잦은 야근으로 밤 11시가 훌쩍 넘은 시간에 귀가하기 일쑤였지만 평소 글쓰기를 좋아했던 그녀는 매일 꾸준히 1,500자를 써 내려갔다. 정리를 마친 뒤 침대에 누우면 시곗바늘은 이미 새벽 2시를 가리키고 있었다.

그녀의 글이 유명 사이트와 블로그에서 관심받기 시작할 무렵, 일부 사람들은 비난과 의심의 목소리로 그녀를 공격하기도 했다. '퇴근을 엄청 일찍 하는 거 아냐?', '회사에서 일은 안 하고 글만 쓰는 거 아냐?' 심지어 회사 비품과 자원을 마음대로 사용하고 있는 거 아니냐는 오해를 받기도 했다. 하지만 그 무엇도 글쓰기를 향한 그녀의 결심과 열정을 막지 못했다. 그렇게 무려 7년을 꾸준히 글을 썼다. 23살에서 30살이 되기까지, 7년 동안의 여가를 모두 글 쓰는 데 보낸 셈이다.

그녀의 글에 지난 노력이 고스란히 담겨 있다. '지금 당신이 보고 있는 찬란함은 잔인할 정도로 지독했던 현실과 고통스럽게 지새웠던

무수히 많은 밤으로 이뤄진 것이다.'

7년은커녕 3개월도 계획한 일을 꾸준히 이어나가지 못하는 사람들이 많다. 혹시 나이어트를 한다고 큰소리쳐놓고 겨우 일주일 뛰고 나서는 살이 빠지지 않는다며, 운동으로 살 뺐다는 사람들은 다 거짓말이라고 때려치운 경험은 없는가? 영어 공부를 하겠다고 해놓고 한 달도 채 배우지 않고는 외국인과 프리토킹이 생각대로 되지 않는다고 포기하지는 않았는가?

우리는 '지금 당장', '지금 바로' 효과를 보길 원한다. 사회학자 페이샤오퉁은 고등학교를 졸업하면서 중국의 대표 여성 작가인 양장 선생에게 그녀를 향한 존경심과 애틋함을 담아 편지를 보냈다고 한다. 편지에는 자신이 그동안 살면서 겪었던 인생의 풍파도 길게 늘어놓았다. 하지만 양장 선생은 단호하면서도 솔직한 한마디로 그에게 일침을 놓았다. "자네의 가장 큰 문제는 책은 읽지도 않으면서 생각이 너무 많다는 걸세."

이처럼 성격 급한 사람들이 가장 쉽게 저지르는 문제 가운데 하나는 노력에 비해 너무 좋은 결과를 바라거나 적당히, 혹은 대충 노력해놓고 과한 대가와 보상을 바란다는 점이다. 씨를 심었으면 뿌리를 내리고 발아의 과정을 거쳐야만 비로소 꽃을 피우고 열매를 맺을 수 있다. 마찬가지로 사람도 태어나 옹알이를 하다가 말을 배우고 걸음마를 뗀 뒤 유아기와 청소년기, 그리고 20대를 거쳐야만 비로소 서른의 '이립(마음이 확고하게 도덕 위에 서서 움직이지 않는 나이)'과 마흔의 '불혹(세상일에 정신을 빼앗겨 판단을 흐리는 일이 없는 나이)'을 맞이한다. 이처럼 세상 모든 일에는 순서와 규칙이 있다. 조급해하거나 서두른다고 해서 원하는 일이 결코 빨리 이뤄지지는 않는다. 첫술에 어찌 배부를 수 있겠는가.

서른,
아무것도 이루지 못했다는 불안감

최근 인터넷에서 유행처럼 떠도는 말이 있다. '서른이 되어서도 성공하지 못한 인생은 희망이 없다.' 취직 또는 창업을 했지만 고전 중이거나 아직 결혼 상대를 찾지 못했거나 '내 집 마련'이 아득한 수많은 젊은이가 이 글을 보고 절망과 걱정에 휩싸였다. 특히 대도시에서 고군분투 중인 청년들 사이에서 그 현상이 더 두드러졌다.

K는 모 광고 회사의 프로젝트 팀장이다. 얼마 전 그는 30살 생일을 맞았다. 대학 졸업 후 열정과 패기로 가득했던 그는 문서 기획 담당

자로 무작정 광고업계에 뛰어들었다. 그리고 몇 년의 고생 끝에 이제 어엿한 프로젝트 팀장의 자리까지 올라왔다.

하지만 최근 1년 동안 불안함과 막막함에 시달려야 했다. 말이 프로젝트 팀장이지, 실제로 하는 일은 여전히 문서 기획과 관련된 일이었다. 매일 다람쥐 쳇바퀴 돌듯 반복되는 업무 탓에 초심은 온 데 간데 사라지고 없었다. 앞으로 계속 이 일을 해도 되는지, 영업이나 마케팅 쪽으로 진로를 전향해야 하는 건 아닌지 부쩍 고민되었다. 지금 이 상태를 유지하자니 더는 위로 올라갈 기회가 없을 것 같았고, 막상 다른 직종으로 바꾸자니 서른이라는 나이가 애매하게 느껴졌다. 이번 생이 이렇게 어영부영 흘러갈 수도 있다고 생각하니 문득 우울하고 슬픈 생각들이 차올랐다.

문제는 이런 마음을 가지고 있다 보니 지금 하는 일에 열정을 쏟을 수 없어 모든 일을 대충대충 때우고 있다는 점이었다. 자꾸만 업무 중에 구직 사이트를 들여다보거나 헤드헌터들에게 연락을 돌리기도 했다. 기회가 없지는 않았지만 모든 면에서 마음에 쏙 드는 조건을 찾아보기가 힘들었다. 그의 마음속 추는 매일같이 희망과 실망 사이를 불안하게 오가고 있었다.

서른이 되어서도 이렇다 할 성과를 이루지 못했다는 것에 어떤 이들은 엄청난 절망과 슬픔을 느낀다. 혹자는 대학 졸업 이후 5년이 그 사람의 일생을 결정한다고 말하기도 한다. 보통 졸업 후 5년이 지나면 서른 정도가 되기 때문이다. 실제로 많은 젊은이가 서른이 되면 안정적으로 돈을 벌고, 집이나 차를 소유하고 있고, 가정을 꾸릴 수 있을 거라고 기대한다. 그러면서 서른이 지나도록 여전히 고군분투 중인 사람의 인생은 마치 희망이 없는 것처럼 말한다.

서른이 되어본 사람은 안다. 서른에 우리 인생이 자리를 잡고 안정되던가? 그렇지 않다. 서른에 겉으로 드러나는 거라고는 그 사람의 인성 정도에 지나지 않는다. 인생이란 어떤 열매든 맺을 수 있는 나무와 같아서 우리가 노력하기만 하면 언제든 기회를 잡을 수 있다. 그건 나이와 전혀 상관없다.

중국 최대 식음료 제조업체 와하하그룹의 종칭허우 대표는 세계적인 부자로 손꼽힌다. 하지만 그에게도 평범하고 보잘것없던 과거가 있었다.

1963년, 그는 중학교를 졸업하자마자 집안 살림에 보탬이 되기 위해 고향을 떠나 타지의 염전에서 소금을 캔 뒤 햇볕에 말리고 채취하는 일을 했다. 그 후 몇 년 뒤에는 차 공장에서 찻잎을 심어 수확하고 뜨거운 가마 앞에서 찻잔 등의 도기를 굽는 일을 했다.

파릇파릇했던 소년은 어느새 건장한 청년으로 자라났다. 그는 매일 이른 새벽부터 늦은 밤까지 일하면서 한 번도 누구를 원망하거나 불평하지 않았다. 그리고 다시 고향으로 돌아왔을 때는 이미 15년의 세월이 흐른 뒤였다.

그 후에도 그는 종이 상자를 생산하는 공장에 들어가서 일을 하다가 42살에 어느 정도 자본이 모이자 지금의 와하하를 설립했다. 이름이 알려진 후 한 매체와의 인터뷰에서 "인생의 가장 젊고 찬란한 15년을 시골에서 보낼 걸 후회하진 않느냐"는 질문에 그는 이렇게 대답했다.

"맞아요. 그 15년은 제 인생에서 가장 젊고 창창한 시기였죠. 언뜻 보기엔 제가 시골에서 아무것도 안 한 것처럼 보여도 사실 그 시기는 제 인생에 없어서는 안 될 중요한 순간이었습니다. 그 15년의 힘들고 어려웠던 현실이 저의 의지를 갈고닦아준 덕에 저는 그 어떤 고생도 감내할 수 있었고, 당시 부지런히 움직여서 단련한 몸은 마흔이 넘어 창업하는 데 든든한 버팀목이 되었죠."

그는 자신의 인생이 절대 녹록하지만은 않았다고 회고하면서도 여전히 담담하고 평온한 말투로 인터뷰를 이어갔다.

"그 시간 덕분에 저는 앞으로 무슨 일이 닥쳐도 참아낼 줄 알고, 어떤 운명이 펼쳐지든 제 할 일을 묵묵히 해낼 줄 아는 꽤 괜찮은 마음가짐을 가지게 되었습니다."

종칭허우 말고도 역사적으로 늦은 나이에 이름을 알린 사람들이 꽤 있다. 링컨은 51세에 대통령에 당선되었고 세르반테스는 68세에 《돈키호테》를 저술했다. 중국의 당송팔대문학가 중 한 명인 소순 역시 53세에 비로소 명성을 얻었다.

프랑스의 유명 작가 발자크는 "인간의 고귀한 힘은 인내하는 시간에서 비롯한다"라고 말했다. 언제가 되었든, 몇 살이든 상관없이 충분한 인내심을 가지고 꿈을 향해 나아간다면 언젠가는 당신이 마음속으로 바라던 모든 것을 얻을 수 있다. 서른에 특별히 이룬 것이 없다는 이유로 걱정과 불안에 휩싸이는 마음을 이해한다. 하지만 그것이 꼭 마흔에도, 쉰에도 똑같이 아무것도 이뤄낼 수 없다는 의미는 아니다.

인생이라는 길고 긴 마라톤 경주에서 경기 초반의 페이스를 처음부터 끝까지 지치지 않고 유지하는 사람은 없다. 달리는 길에 침체되고 힘든 구간이 있다면 전속력으로 달리는 구간도 반드시 있다. 그러니 순간적으로 차오르는 불안과 미래에 대한 두려움에 사로잡히지 말자. 그럴 땐 지금 내가 처한 환경을 잘 이해하고 정신을 가다듬는 것이 더 현명한 방법이다.

서른의 불안감을 덜어내는 방법으로 나는 세 가지를 추천한다. 첫째, 나만의 명확한 목표를 정한다. 서른에 사람들이 가장 많이 하는 고민이 뭘까? 바로 '재미는 없어도 안정적인 삶을 선택할 것인가, 아니면 불안정해도 변화와 모험을 시도할 것인가'이다. 이럴 때는 먼저 자신에게 두 가지 질문을 던져야 한다. '내가 정말 하고 싶은 건 뭘까?' 그리고 '내가 잘할 수 있는 건 뭘까?' 이건 매우 중요한 문제다. 이때 허황된 욕심을 품지 않고 무모하게 뭐든지 다 해보겠다는 마음에서 한 걸음 물러서는 자세가 필요하다. 그럼 마음이 훨씬 가벼워진다.

둘째, 인내심을 가진다. 세상의 모든 일에는 그것을 관찰하고 이해하는 '시간'이 필요하다. 그런 시간 없이 세상을 진정으로 이해하기 쉽지 않다. 좌절과 시행착오를 만났을 때는 조금 더 이성적으로 생각하고 참아내는 연습을 해보자. 나아가 새로운 기회나 일자리가 생겼다고 마음이 붕 떠버려 더는 현재의 일에 집중하지 않는 순간, 위기가 찾아온다는 걸 기억하자.

셋째, 평정심을 유지한다. 이를 위해서는 자신을 올바르게 이해해야 한다. '서른에 이립'이라는 말이 생긴 이유는 당시 평균 수명이 지금보다 훨씬 짧았기 때문이다. 지금처럼 잔혹하고 치열한 환경을 고려한다면 서른에 이립은커녕 앞으로 살아갈 방향을 명확히 정하는 것만으로도 성공이나 다름없다. 지금으로서는 마흔, 심지어 쉰에 '이립'을 한다고 해도 전혀 이상하지 않다. 다만 그 과정에서 내가 할 수 있는 최선을 다하면서 끝내 어디에 도달할지, 어떤 성과를 이뤄낼지 평정심을 가지고 분석하고 이해하는 것이 중요하다.

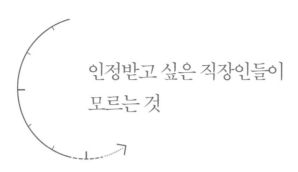

인정받고 싶은 직장인들이
모르는 것

이제 막 취직에 성공했다면 아직 경험이 많이 부족한 상태이므로 최대한 자신을 낮추고 행동을 조심하는 것이 좋다. 열정이 지나치면 미처 생각을 끝내기도 전에 말이 먼저 튀어나와 나도 모르게 실수하기 마련이다. 뭐든 나서서 일을 처리하려고 하지만 경험이 부족하다 보니 기대만큼 썩 잘 해내지도 못한다. 상사는 그런 당신을 덤벙거리고 신중하지 못하며 심지어 거만한 사람이라고 생각할 수 있고, 동료들 역시 반감을 품거나 당신을 경쟁자로 대할 수 있다.

장경옥 씨는 이번에 새로 들어간 회사에서 온라인광고 기획팀에 배정되었다. 관련 경력이 1년 정도 있었던 그는 이번에 들어간 회사가 해당 부서를 새롭게 꾸렸기 때문에 자신이 팀원 중에서는 나름 베테랑이라고 생각했다.

하루는 회사 대표가 특별히 신설 부서 직원들의 사기를 북돋아주고자 워크숍을 개최했다. 회의 중에 이번 달 온라인 매출액이 얼마냐는 대표의 질문에 그는 근질거리는 입을 참지 못하고 나서서 대답했다.

"3,800만 원 정도 됩니다."

대표의 시선이 그에게로 향했다. 그 순간 재무팀 담당자가 대표에게 서류를 내밀며 말했다.

"약 5,300만 원입니다."

머쓱해진 그는 괜히 헛기침을 했다. 회의가 끝나고 대표가 그를 찾았다. 그는 분명 대표가 자신을 좋게 보았을 거라는 생각에 쉽사리 흥분을 가라앉히지 못했다. 대표실의 문을 두드리고 들어선 그에게 질문이 날아왔다.

"자네 이름이 장경옥인가?"

"네, 맞습니다. 궁弓자가 들어가는 장張에 풍경 경景, 보석 옥玉자를 씁니다. 명문 대학을 졸업했고 1년이 넘는 업무 경험이 있습니다. 혹시라도 지적하실 부분이 있으면 편하게 말씀해주십시오. 겸허히 듣고

바로 수정하겠습니다.”

“내가 무슨 말을 할지 자네가 먼저 나서서 짚어주지 않아도 되네. 우리 회사에서 일한 지는 얼마나 됐나?”

“두 달 좀 넘었습니다. 저는 제가 온라인광고 부서에서 충분히 일할 능력이 있고, 잘하고 있다고 생각합니다. 대표님께서도 앞으로 그런 저를 잘 지켜봐주시기 바랍니다.”

그렇게 대화가 끝나고 며칠이 지났지만 그에게 새로운 업무나 프로젝트 같은 건 주어지지 않았다. 그저 평소와 똑같은 날들이 이어졌다. 그는 의아했지만 분명히 대표가 너무 바빠서 잊어버린 거라고 생각했다.

다른 사람들의 인정과 관심을 받기 위해 잘난 체하거나 지나치게 자신을 과시하는 사람들이 있다. 특히 직장에서 남들보다 빨리 인정받고 싶다면 이런 행동은 본인에게 아무런 도움이 되지 않는다. 성과 내기에만 급급한 나머지 그 본질을 간과하게 되며 결국 본인이 생각했던 것과는 반대, 혹은 그보다 못한 상황을 초래하기 쉽다.

사실 직급과 직위를 막론하고 겸손은 모든 사람이 반드시 갖춰야 할 필수 덕목이다. 이 세상에 무례하고 건방진 사람을 좋아하는 사람은 어디에도 없다. '나서야 할 때'를 정확히 알고 행동하는 것, 경거망동하지 않고 설치지 않는 지혜를 갖추는 것이 중요하다. 아직 충분한 재능이나 능력이 없다면 더욱 겸손한 자세를 갖춰야 한다. 차분히 마음을 가라앉히고 나에게 부족한 지식과 기술은 무엇인지 따져본 뒤에 그것을 성실하게 배워가면서 자신을 성장시키자.

누구를 승진시켜야 하는지, 누구에게 인센티브를 줘야 하는지는 당신의 상사가 그 누구보다 잘 알고 있다. 누군가의 실적을 가로채면 남들보다 빨리 임금은 오를 수 있다. 하지만 상사들은 그런 사람을 좋아하지 않는다. 그들의 눈엔 성실하게, 부지런히 일하는 사람들이 그 무엇보다 중요하고 유능해 보인다. 당신이 정말 훌륭한 실적으로 회사의 발전에 일조했다면 어떤 상사가 가만히 있겠는가?

최근 선영은 팀원들과 두 달 동안 밤낮없이 고생하며 일한 끝에 신제품 개발 업무를 성공적으로 마무리했다. 그동안 수고한 팀원들을 위해 원래는 회사 측에서 축하 회식 자리를 준비했었지만, 대표가 급히 출장을 가는 바람에 일정은 무산되었고 심지어 수고했다는 말 한마디도 건네 듣지 못했다.

선영은 별로 개의치 않았고 여느 때와 마찬가지로 팀원들과 함께 일하며 종종 다른 팀을 지원하기도 했다. 그사이 출장을 마친 대표는 회사로 돌아왔지만, 일주일이 넘도록 그와 팀원들에게 아무런 말이 없었다. 그래도 선영은 크게 신경 쓰지 않았다.

사실 이 모든 것은 대표가 의도적으로 계획한 일종의 테스트였다. 선영이 남들 앞에서 자신이 한 일을 드러내기 좋아하고 모든 공로를 자신의 덕으로 돌리는 사람인지 아닌지를 보려 했던 것이다. 대표는 선영의 태도와 됨됨이에 매우 만족했고 그다음 달에 바로 그를 승진시키면서 임금을 30% 인상해주었다.

직장에서 승승장구하고 싶다면 '어떤 말을 가려서 해야 하는지'를 잘 알아야 한다. 상사 앞에서는 절대 남의 공로를 자신의 것인 양 말해서는 안 된다. 그러면 상사는 당신에게 '미성숙한 인간'이라는 꼬리표를 달고 당신을 바라보게 된다. 사실 상사들은 특정한 시기뿐만 아니라 평소에 당신이 어떤 태도로 업무에 임하는지 주의 깊게 살핀다. 상사의 마음에 들고 싶다면 당신이 맡은 일을 만족스럽게 해낼 능력을 먼저 갖춰야 한다.

특히 아직 업무가 손에 익지 않은 상황이라면 더욱더 자신을 칭찬하거나 드높이는 말은 조심하고, 상사 앞에서 다른 직원들을 흉보는 일도 없어야 한다. 그렇게 해도 상사의 마음은 살 수 없다. 사실 당신이 어떻게 일하는지는 상사가 가장 잘 알고 있다. 때가 되면 보상은 자연스레 따라올 것이다.

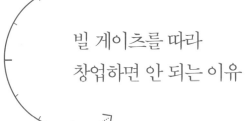

빌 게이츠를 따라
창업하면 안 되는 이유

통계에 따르면 미국 대학 졸업생의 창업률은 20% 정도인 반면 중국은 2%밖에 되지 않는다. 많은 요인이 있겠지만, 그중에서도 중국 대졸 창업자들 자체에 문제가 있다는 사실을 부인할 수 없다.

대학 졸업자들 사이에서 '창업 붐'이 일기 시작한 건 얼마 되지 않았다. 비즈니스 경험이 전혀 없는 상태에서 운 좋게 정부와 기업의 투자를 받게 되면 그 순간만큼은 탄탄대로가 펼쳐질 거라는 착각에 빠진다. 하지만 실제로는 그중 98%가 실패를 경험한다.

K는 대학 졸업을 앞둔 마지막 학기에 스무 번 정도 캠퍼스 리쿠르팅에 참가했다. 넘쳐나는 취업 정보 속에서 마음에 쏙 드는 일자리를 찾아내기란 쉬운 일이 아니었다. 또 면접 담당자들을 만나면서 기업들 역시 리쿠르팅에서 인재들을 찾아내는 데 어려움이 있다는 사실을 발견했다. '그럼 내가 직접 새로운 구직 사이트를 만들어보는 건 어떨까?' 창업 열정에 불타오른 K는 창업계획서와 자금계획서를 신속하게 작성한 뒤 서둘러 시장 조사를 마치고 부모와 지인들에게 금전적인 지원을 받아냈다.

이로써 모든 건 다 준비되었지만 문제가 하나 있었다. 컴퓨터 프로그래밍을 할 줄 모른다는 거였다. 게다가 사이트를 개설하려면 전문기술자의 도움이 필요했다. 주변 친구들에게 이 소식을 알렸고 마침내 고등학교 동창에게서 연락을 받았다. 하지만 안타깝게도 그 동창은 인터넷 사이트를 운영하는 전문가도 아니었고 풍부한 경험도 없었다. 전문가의 도움 없이 계획이 실현되기란 어려웠다. 수개월 동안 적임자를 찾아 나섰지만 아무런 수확이 없었다. 호기롭게 창업 시장에 뛰어들었던 그는 결국 고개를 숙이고 물러났다.

실제로 많은 대학 졸업생이 이런 식으로 창업에 뛰어든다. 창업 아이템도 명확하지 않고 적당한 동업자도 찾지 못한 데다가 초기

자금은 4천만 원 정도밖에 되지 않는 상황에서 그저 '창업하고 싶다'는 마음만 앞선 채로 말이다. 심지어 "무슨 사업인지는 상관없어요. 저는 일단 그냥 창업이 하고 싶어요"라고 말하는 사람도 있다. 그들은 동업자와 함께 창업하면서도 계약서 쓰는 방법조차 모르고 그저 사업자등록만 마치면 그만이라고 생각한다.

창업할 때 맹목적이면서도 경솔한 태도는 가장 멀리해야 할 자세이지만 동시에 열정과 패기로 가득한 졸업생들이 가장 많이 저지르는 실수이기도 하다. 창업 아이템과 시장에 관한 충분한 연구와 조사 없이 그저 미래를 낙관적으로만 전망하면서 발전 가능성이 없는 아이템을 가지고 무모하게 덤벼들면 냉혹한 현실 앞에 무릎을 꿇을 수밖에 없다.

알리바바그룹의 초대 회장 마윈 역시 대학생을 대상으로 한 창업 포럼에서 이렇게 강조했다. "창업에 도전하는 대학생들이 구사일생으로 살아남으려면 기회를 포착하는 혜안이 있어야 하며 고생을 두려워하지 않아야 합니다. 그런 의미에서 20대 대학생들에게 가장 중요한 일은 바로 열심히, 치열하게 공부하는 것입니다."

20여 년 전, 마윈은 처음으로 떠난 미국 여행의 첫 목적지인 시애틀에서 생에 처음으로 '인터넷'이라는 걸 알게 되었다. 귀국 후 친구들에게 인터넷 기업을 창업하겠다는 생각을 말하자 대부분이 그를 말렸다.

"꿈 깨! 우리나라에서 그런 게 먹힐 리가 없잖아."

그에게 용기를 준 사람은 단 한 사람뿐이었다.

"그래. 난 널 믿어. 네가 하고 싶은 게 뭔지 구체적으로는 잘 모르겠지만, 하고 싶다면 용기 내서 해봐. 넌 아직 젊잖아."

그해, 그의 나이는 서른이었다.

컴퓨터에 대한 지식도, 비즈니스에 관한 경험도 없었던 마윈은 그렇게 창업의 길에 올랐다. 처음에는 부인이랑 동창 한 명과 회사를 설립했다. 여기저기서 겨우 끌어 모은 자본은 120만 원 정도밖에 되지 않았고 창업의 길은 너무나 험난했다. 1995년에 시작한 그의 창업은 1999년에 실패로 끝났다. 사업을 유지할 만한 능력이나 조건이 단 하나도 없었기 때문이었다.

"대학 졸업 후 창업을 한다고 해서 꼭 실패하는 것은 아니지만, 빨리 성과를 내려는 조급한 마음은 반드시 버려야 합니다." 마윈이 한 말이다. 빌 게이츠, 스티브 잡스, 마크 저커버그는 대학을 다니면서 창업까지 성공적으로 해낸 사업가들이지만, 그렇다고 그들을 맹목적으로 따라 해서는 안 된다.

빌 게이츠의 어머니는 워싱턴대학의 이사장을 지냈고 IBM의 존 F. 아커스 대표와 함께 일했었다. 이런 배경에서 빌 게이츠는 13살에 '틱택토'라고 하는 미국식 오목 게임을 처음으로 프로그래밍 했고, 고등학교 시절 폴 앨런과 함께 첫 회사를 설립했다. 이는 그가 하버드대학을 그만두기 전부터 아주 오랫동안 생각하고 실행했던 것이었다.

하지만 사람들은 빌 게이츠가 하버드대학을 그만두고 마이크로소프트사를 설립한 일에만 집중할 뿐, 그를 뒷받침해주었던 지식과 그 뒤에 감춰진 다년간의 노력에는 관심이 없다. 세상에 기적처럼, 우연처럼 단번에 성공을 이뤄내는 사업이란 없는데도 말이다.

'모든 일은 미리 준비하면 성공하고, 그렇지 않으면 실패한다凡事豫則立, 不豫則廢.'《예기》에 기록된 말로, 무슨 일을 하든지 인내심과 끈기를 가지고 임하는 것이 중요하다는 뜻이다. 창업뿐만 아니라 세상 모든 일이 그렇다. 서두르지 않고 차근히 해낼 때 비로소 성공을 거머쥘 수 있다.

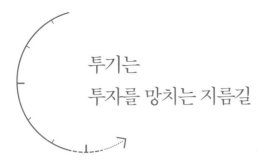

투기는
투자를 망치는 지름길

《혼돈 속의 혼돈Confusion de Confusiones》은 1688년에 요세프 펜소 데 라 베가Joseph Penso de la Vega가 쓴 세계 최초의 주식 투자 설명서다. 오늘날 금융 서적에서 자주 다루는 용어인 '투자'와' 투기'가 이 책에서 처음으로 등장했다.

그러나 '투기'라는 용어는 300여 년이 지난 최근에서야 정확히 정의가 내려졌다. 투기는 단기 거래를 뜻하는데, 오늘 매입한 것으로 내일 당장 많은 돈을 벌어보려는 심리를 가리킨다. 이러한 마음가짐은 사람을 병들게 한다. 장기적인 투자 목표 없이 눈앞의 이익에만 몰두한다면 결국 파멸에 이르고 만다.

한 금발의 여인과 남성이 비행기에서 서로 옆자리에 앉았다. 이륙 전, 남사는 여자에게 제안했다.

"저랑 재미있는 내기 하나 하실래요? 제가 낸 문제를 맞히면 당신에게 5파운드를 드릴게요. 반대로 당신이 낸 문제를 제가 맞히면 5파운드를 저에게 주는 거예요."

여자는 그런 내기 따위에는 흥미 없다는 듯 따분한 표정으로 눈을 감았다.

"좋아요. 그럼 당신이 제 문제를 못 맞히면 5파운드만 주세요. 대신 제가 틀리면 500파운드를 드릴게요."

남자가 쉬지 않고 말을 걸어오자 피곤했던 그녀는 결국 하는 수 없이 고개를 끄덕였다.

"지구는 달에서 얼마나 떨어져 있을까요?"

남자가 먼저 질문을 던졌다. 여자는 그의 말이 끝나자마자 일말의 생각조차 하지 않고 곧바로 지갑에서 5파운드를 꺼내 건넸다.

"와! 화끈하시네요! 자, 이번엔 당신 차례예요."

"산에 올라갈 땐 다리가 3개였는데 내려올 땐 4개가 되는 건 뭘까요?"

여자의 질문에 남자는 잠시 멍해졌다. 곧바로 노트북을 꺼내 인터넷을 검색해봤지만 답을 찾지 못한 그는 친구와 동료들에게 문자를 보내기 시작했다. 하지만 성과는 없었다. 한 시간이 지나도록 답을 찾지 못한 남자는 결국 울며 겨자 먹기로 여자에게 500파운드를 건넸다. 그러나 여자는 돈을 거절하고 남성에게서 등을 돌려 눈을 감았다.

"저기요, 그래도 최소한 답은 알려줘야 할 것 아닙니까!"

남자가 잔뜩 화난 목소리로 말하자 그녀는 다시 지갑에서 5파운드를 꺼내 남성에게 건네주며 말했다.

"저도 몰라요."

그러고는 곧바로 달콤한 잠에 빠져들었다.

투자는 기다란 낚싯대로 대어를 낚는 것과 같아서 지략은 물론 용기와 끈기, 그리고 자신감이 필요하다. 하지만 이 모든 걸 다 갖췄다고 해도 절대 순탄하지 않은 것이 투자다. 어떤 일을 시작할 때는 장기 계획이 있어야 한다. 계획과 목적이 분명해야 비로소 큰 성공을 이룰 수 있다. 성급한 마음으로 덤벼들었다간 예상치 못한 손실에 타격을 입고 만다.

그런데 우리는 종종 너무 성급하게 결정을 내려 후회를 맛본다.

투자를 할 때는 이성적으로 문제를 바라보고 장기적인 안목으로 일을 처리한 다음 천천히 기다리는 자세가 필요하다. 진정한 투자는 결코 하루아침에 결실을 맺지 않는다.

세계적인 투자의 귀재 워런 버핏이 어떻게 '주식의 신'이라는 자리에 오를 수 있었는지 궁금해하는 사람들이 많다. 결론부터 말하자면 비결은 바로 '생각하지 않는 것'이다.

사람들은 매일 아침 눈을 뜨면 주가를 본다. 앉으나 서나 오늘 내가 투자한 주식이 얼마나 올랐는지, 차액은 얼마인지를 생각하지만, 워런 버핏은 그렇지 않았다. 그는 투자할 때 주식이 아닌 회사를 봤으며 가격이 아닌 가치를 봤다. 그리고 투기가 아닌 투자를 했다. 그가 남들과 달랐던 점은 진정한 '투자자'의 자세로 투자를 했다는 것이다. '내가 사는 것은 주식이 아니라 기업이다!'

버핏은 승산이 없는 싸움은 하지 않았다. 많은 사람이 돈을 벌기 위해서라면 거액의 투자도 마다하지 않지만 그는 안전을 가장 중요하게 생각했다. "성공적인 투자의 기초는 바로 안전의 경계를 설정하는 것"이라고 말하며, 손실의 가능성이 가장 적으면서 수익을 남길 가능성이 큰 상황에서만 움직였다. '안전의 경계'라는 것은 주로 주식시장이 폭락하거나 우수한 기업의 주가가 폭락할 때 발생한다.

주식을 선택하는 안목도 탁월했다. 사람들은 가벼운 지식을 바탕으로 섣불리 투자 종목을 선택하거나 빈번하게 갈아탔지만 그는 그러한 '바람둥이'식의 투자를 지양했다. "투자 대상을 고르는 건 평생의 반려자를 고르는 일과 완전히 똑같다"라고 말하며 매우 신중하고 엄격한 기준으로 소량의 투자를 했다. 이때에도 자신이 잘 알고 이해하고 있는 우수한 기업의 주식만 골랐다.

"개인의 능력이 탁월한지 아닌지는 별로 중요하지 않습니다. 가장 중요한 건 자기 능력의 한계를 정확히 이해하는 것입니다."

버핏이 늘 강조하는 부분이다. 또한 그는 '영원히 보유할 주식만 산다'는 신념으로 한 번 구입한 주식을 오래 보유한다. '머리가 아닌 엉덩이'로 진득하게 앉아 돈을 벌어야 한다고 말하는 그의 우스갯소리를 마음에 새길 필요가 있다.

결국 장기적인 안목과 계획이 있어야만 오랫동안 이익을 얻을 수 있다는 뜻이다. 어떤 면에서 보면 투자란 미래에 대한 당신의 예측 능력을 가늠하는 일종의 시험이기도 하다. 정확한 판단과 예측을 했다면 그에 따른 큰 수익이 있겠지만 그렇지 못할 땐 그저 실패의 쓰디쓴 눈물을 흘릴 뿐이다.

한 철학자는 "어떤 안목을 가졌느냐에 따라 서로 다른 미래가 펼쳐진다"라고 말했다. 이 가르침은 투자 세계에도 적용된다. 그저 눈앞의 작은 이익에만 혈안이 되었다간 큰 손해를 볼 수밖에 없다. 잠깐의 유혹에 넘어가 승자에 오를 자격을 잃지 말자. 오늘 투자해서 내일 바로 큰돈을 벌어야겠다는 '투기' 심리를 멀리하자. 막대한 이익을 얻고 싶다면 그만큼의 인내심과 용기가 있어야 한다.

평소 성격이 급하다면 투자를 시작하기 전에 자신의 성격부터 다스리도록 하라. 어떤 일이 일어나도 당황하거나 흥분하지 않아야 하며 쉽게 결정하거나 무턱대고 손을 뻗지 않도록 주의해야 한다. 투자 세계에서는 '적당한 시기에 물러나는 결단력' 못지않게 '중요한 시기에 자신의 안목을 신뢰하는 용기'도 매우 중요하다.

이직하기에
좋은 타이밍

눈앞의 이익에만 급급해서 늘 '더 많이, 더 빨리'를 외치는 사람들은 연봉을 더 많이 주는 곳으로 자주 직장을 옮긴다. 물론 이직은 현재 보다 나은 미래를 위해 결정하는 일이지만 계속해서 회사에 소속감 이나 자부심을 느끼지 못하고 이리저리 직장을 옮기다 보면 결국에 는 그에 따른 책임과 대가를 치르게 된다.

S는 한 명문대의 정보통신학과를 졸업한 뒤 한 컴퓨터 관련 중소기 업에 취직했다. IT 업계가 주목을 받는 최근 몇 년 사이, 그는 단기간

에 월급 400만 원 이상을 받는 고급 화이트칼라로 발돋움했다. 주변 친구들이나 동창들과 비교해도 높은 수준의 임금이었기에 그는 직장에 큰 자부심과 만족감을 느꼈다.

하지만 좋은 시절은 오래가지 않았다. 얼마 지나지 않아 IT 업계는 예전 같은 힘을 발휘하지 못했고 그의 몸값도 점점 떨어지기 시작했다. 사실 그는 얼마 전에 집을 장만해서 매달 70만 원에 가까운 대출금을 갚아나가는 중이었다. 하지만 계속해서 줄어드는 임금 탓에 결국 그는 이직을 결심했다.

그쯤 의료기기 업계에서 일하는 한 동창 녀석이 그에게 해당 업계 영업직을 제안했다. 그는 그 친구가 최근 몇 년 사이에 집과 차를 장만하고 저축도 살뜰히 하는 모습을 보면서 자신도 그곳에서 일하면 좋은 성과가 있을 거로 생각하고는 다니던 직장에 과감하게 사표를 냈다. 그리고 친구의 도움으로 그는 곧바로 한 의료기기 회사에 입사했다. 기본급은 월 100만 원이 채 되지 않았지만 성과급이 많았고 한 달 매출액이 2천만 원을 넘기면 1천만 원이 넘는 월수입을 손에 넣을 수 있는 조건이었다.

그러나 현실은 생각처럼 그리 녹록하지 않았다. 그는 당장 팔아야 할 의료기기를 받아든 후에야 비로소 자신이 이 분야에 관해 아무것도 모른다는 사실을 깨달았다. 아무리 기기의 모든 기능을 달달 외워도 막상 고객과 대화를 나누다가 질문을 받으면 진땀을 흘리기 일 쑤였다. 그러다 보니 고객을 설득해 제품을 판매하는 일이 생각만큼 잘 이뤄지지 않았다. 그렇게 3개월이 흘렀고, 자신에게 주어진 목표 량을 달성하지 못한 그는 다달이 나가는 대출금을 감당할 수 없어서 결국 집을 내놓고 말았다.

이후로도 전동 보드 판매, 보험 판매 등 다양한 일에 도전했지만 40만 원에서 160만 원 사이로 널을 뛰는 불안정한 수입 때문에 불안한 나날을 보내야만 했다. 시간이 갈수록 수입이 줄어들자 그는 앞으로 살아갈 날이 막막했다. 결국 지인의 도움으로 IT 업계로 돌아와 다시 시작했고 차차 안정적인 수입을 회복할 수 있었다.

이직을 결정할 때 그저 당장의 이익에만 급급해서 자신에게 잘 맞지 않는 일을 선택하는 사람들이 있다. 이는 단기적으로는 어떨지 몰라도 장기적인 면에서는 개인의 발전에 도움이 되지 않는다. 일단 조급한 마음을 버리고 때로는 고독하거나 쓸쓸할지라도 참아 내고 하루하루 출근을 해내다 보면 어느 정도의 경험과 능력이 쌓일 것이다. 그때 이직을 생각해도 늦지 않다.

'이직하기에 좋은 타이밍'은 따로 없다. 다만 커리어에 대한 나의 생각이 어느 정도 성숙하고 목표가 명확해졌을 때 실행하기를 추천한다. 그저 현실이 불만족스러워 도피하듯 이직을 결심하다 보면 그런 상황은 계속 반복되고 1년에 3~5번 이직하는 일이 빈번해진 다. 사람이 일생을 살면서 일하는 시간이 평균 30년이라고 계산한 다면 이직의 주기는 5~6년 정도로 보는 것이 적당하다.

증권회사에 다니는 지혜는 해당 업계에서 일한 지 8년째다. 그동안 주식의 강세장인 불마켓Bull Market과 약세장인 베어마켓Bear Market을 두 차례 거치면서 그녀의 수입 역시 증권 지수에 따라 요동치는 걸 경험했었다.

지혜는 졸업 후 바로 증권회사에 취직해서 딜러로 일했다. 당시에는 주식시장이 인기가 많아서 그녀가 다니던 회사의 매출액이 상한가를 달리는 중이었고 덩달아 그녀의 월수입도 500만 원에 가까이 오르기도 했었다. 같은 해에 졸업한 동기들과 비교해보면 훨씬 높은 수준이었다.

하지만 점차 불경기가 시작되면서 주식시장도 힘을 잃기 시작했고 매출도 내리막이었다. 회사에서 커미션을 삭감한 탓에 그녀의 임금도 줄어들었고 최악일 때는 월수입이 100만 원에 그치기도 했다.

지혜는 허리띠를 졸라매고 버텨냈다. 그리고 2006년이 되자 주식시장에 또다시 봄바람이 일었다. 그동안 업무 경험과 능력이 쌓여 회사에서 팀장직을 맡고 있던 그녀는 시장의 호황 국면에 힘입어 이제는 매달 고정급 외에도 엄청난 성과급을 받는 고소득자가 되었다.

보통 어떤 업계에서 성공을 이룬 사람들은 한 회사에 오랜 시간 일한 다음 이직을 결심한다. 그때가 되면 자신의 커리어를 바탕으로 여러 선택권이 생긴다. 이직할 때도 목표가 매우 뚜렷하며 적극적이고 매우 능동적이다.

물론 현대사회에서 이직은 자주 일어나는 일상적인 일이지만 충동적인 이직으로 불필요한 후회를 하지 않으려면 심사숙고하는 자세가 필요하다. 오늘은 여기가 좋아 보이고 내일은 또 저기가 좋아 보여서 단기간에 이곳저곳을 옮겨 다니는 건 좋은 선택이 아니다. 빈번하게 회사를 옮기다 보면 단순히 지금 당장 일자리만 잃는 게 아니라 장기적인 커리어에도 영향을 미친다.

몇 번의 이직을 했음에도 상황이 달라지지 않는다면 커리어에 대한 나의 생각과 계획을 조정해야 한다. 그래야만 계속되는 이직의 굴레 속에서 혼란스러워하는 자신을 구할 수 있다.

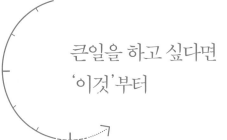

큰일을 하고 싶다면 '이것'부터

자신이 현재 하는 일을 보잘것없다고 생각하며 늘 불평하는 사람들이 있다. 이들은 스스로 '나는 이런 일을 할 사람이 아니고, 언젠가 세상을 떠들썩하게 할 만한 큰일을 해낼 인재'라고 믿는다.

이런 사람들을 보면 동한 시대의 진번陳藩이 떠오른다. 진번은 자기 운명이 평범하지 않다고 여기고 늘 자신이 큰일을 해낼 수 있다는 생각을 마음에 품고 살았다. 그러던 중 하루는 아버지의 친구인 설근薛勤이 한가로이 혼자 지내는 그를 찾아와 물었다. "자네는 어째서 뜰을 깨끗하게 청소해놓고 손님을 맞지 않는가?" 그랬더니 그는

"대장부가 세상을 살면서 마땅히 천하를 청소해야지 한낱 집 안의 뜰을 청소하는 데 마음을 써서 되겠습니까?"라고 대답했다. 그 말에 설근이 반문했다. "집 하나도 청소하지 못하면서 어찌 천하를 바로 잡을 수 있단 말인가?"

의대 본과 과정을 마친 한 청년이 유명 대학병원에 지원서를 넣었다. 얼마 후 병원 부원장에게 금요일 오전 9시에 면접을 보러 오라는 연락을 받았다. 그런데 하필이면 면접 당일 교통 상황이 좋지 못해 결국 약속 시간을 조금 넘기고 말았다. 그러자 부원장이 말했다.

"여기 앉게나. 우리가 9시에 만나기로 약속했는데 10분이나 늦었군."

"죄송합니다, 부원장님. 하지만 10분밖에 늦지 않았는걸요. 지금 이렇게 왔고요."

그가 다급하게 변명을 늘어놓았다. 그러자 부원장이 잔뜩 화가 난 소리로 말했다.

"지원서를 보니 학교 성적이 아주 우수해서 내가 직접 자네를 만나 보겠다고 했건만, 정말 시간개념이 없는 친구군. 잘 듣게나. 병원에서 1분은 사람의 목숨이 왔다 갔다 하는 절체절명의 순간이네! 병원은 학교랑 달라. 실습하는 곳이 아니라고! 자네가 늦는 만큼 사람을 살릴 수 있는 수술이 미뤄지는 거야. 이름난 의사가 되고 싶다면 모든 면에서 훌륭한 사람이 되어야 하네. 겨우 10분 지각이라고 생각하지 말게나. 자네는 그만큼 내 시간을 낭비했고 면접 기회를 날려버렸어. 오늘 이 10분 때문에 자네는 일자리 하나를 잃었네. 직장은 다른 곳에 가서 구해보게. 그리고 그때는 늦지 않길 바라네."

하루빨리 큰일을, 커다란 성과를 이루고 싶은 마음은 충분히 이해한다. 하지만 세상에 태어나자마자 모든 일을 유능하게 해내는 사람은 없다. 세월의 흐름에 따라 실력도, 경력도 차차 늘어가는 것이다. 준비되지 않은 상태에서 막상 큰일이 닥쳐오면 그것을 유연하게 처리할 능력도, 정신도 없다. 많은 사람이 연봉 3천만 원이 턱없이 적다고, 본인의 능력을 감안하면 5천만 원은 되어야 한다고 생각하지만 그런 성숙하지 못한 생각이 자신의 성공을 가로막고 있다는 걸 깨달아야 한다.

구두닦이를 하찮게 보는 사람들도 있다. 그냥 신발에 묻은 먼지나 좀 털어내고 구두약을 발라서 돈 몇 푼 버는 일이라고 생각할 수 있다. 물론 어떻게 보면 구두를 닦는 일은 아주 작은 일에 지나지 않지만, 누군가는 그것을 큰 사업으로 바꾸었다.

일본의 이노우에 겐타로井上 源太郎는 생계를 유지하기 위해 구두닦이 일을 시작했지만, 단순히 그것에 만족하지 않았다. 전국에 구두닦이로 유명한 장인들을 찾아가 그들에게 비법을 전수받으면서 자신만의 구두닦이 기술을 연마했다. 그는 구두를 닦을 때마다 새로운 방법을 고안해냈고 각종 구두와 구두약을 발명하면서 점점 이름을 알리기 시작했다. 1975년, 마침내 그는 힐튼호텔의 '전문 구두닦이'로 고용되었고 이후 일본의 총리들을 포함해 마이클 잭슨과 같은 전 세계 유명인들이 그를 찾았다.

사소한 일을 '그냥' 하는 것과 '잘 해내는' 것은 완전히 다르다. 사소해 보이는 모든 일을 '잘 해내는' 것은 결코 쉽지 않다. 엄청난 인내심과 끈기가 필요하기 때문이다. 그리고 그것을 해내는 동안 자신을 갈고닦을 수 있기 때문에 사소한 일이라고 해서 얕잡아 보거나 무시해서는 안 된다.

고등학교를 졸업한 존 록펠러는 집안의 생계를 책임지기 위해 대학 진학을 포기하고 곧바로 사회에 뛰어들었다. 당시 꿈과 포부가 컸던 그는 반드시 자기 손으로 커다란 사업을 일궈내겠다고 다짐했다.

그러나 처음 들어간 석유 회사에서 내세울 만한 학력이나 기술이 없었던 탓에 그는 석유통 뚜껑의 용접 하자 여부를 검수하는 부서로 배치되었다. 사실 이 공정은 회사에서 가장 간단하고 지루한 과정이

어서 사람들은 그 일을 가리켜 '3살짜리 어린애도 할 수 있는 일'이라고 우스갯소리로 말하곤 했다.

매일같이 그는 용접제가 자동으로 떨어지는 것을 지켜보다가 뚜껑 용접이 잘되었는지 검수한 다음, 이상이 없는 제품을 옮기는 일을 반복했다. 그렇게 보름이 지나자 그의 인내심에 한계가 오기 시작했다.

"나는 큰일을 해낼 사람인데 어째서 매일 이렇게 따분하고 보잘것없는 일만 하는 거야!"

그는 한달음에 공장 주임을 찾아가 다른 부서에 배치해달라고 요청했지만 거절당했다. 다른 방법이 없었던 그는 결국 다시 자리로 돌아올 수밖에 없었다. 그리고 생각을 고쳐먹었다.

"어차피 이렇게 된 거 이 일부터 보란 듯이 잘 해내고 말 테다!"

그 후로 록펠러는 석유통 뚜껑의 품질을 자세히 관찰했고 용접제가 떨어지는 속도와 적당량을 분석하고 연구하기 시작했다. 그 결과, 당시에는 뚜껑 하나당 서른아홉 방울의 용접제가 사용되고 있었지만 서른여덟 방울로도 충분히 가능하다는 사실을 발견했다.

여러 차례의 테스트와 실험을 거쳐 마침내 그는 '서른여덟 방울형' 용접기를 제작했다. 해당 용접기를 사용하면 뚜껑 하나당 들어가는 용접제를 한 방울씩 줄일 수 있었다. 이 한 방울, 한 방울을 모두 합치자 1년 동안 5만 달러의 비용을 절감할 수 있었다. 그 시대에 5만 달러는 천문학적인 숫자였다.

젊은 록펠러는 그렇게 성공을 향한 첫걸음을 내디딘 뒤 세계적인 석유왕으로 거듭났다.

중국의 가전제품 기업 칭다오하이얼의 장루이민 회장은 "지극히 평범한 일을 뛰어나게 잘 해내는 사람이야말로 가장 비범한 사람이다"라고 말했다. 사실 인생에서 사소하고 하찮은 일이란 하나도 없다. 평소에는 신경 쓰지 않던 작고 나쁜 습관들이 중대한 시기에 일을 그르치기도 한다. 그러므로 조급한 마음 때문에 평소의 작고 평범해 보이는 것들을 혹시 놓치고 있는 것은 아닌지 잘 돌아봐야 한다.

기억하자. 작고 평범한 일을 '잘 해내는' 과정을 끈기 있게 단련하고 훈련하면 '큰일'을 해낼 능력을 기를 수 있다. 다시 말해 작은 일들을 잘 해내는 습관이야말로 '큰일'의 시작이 된다. 사소하고 평범한 일을 잘 해내지 못하는 사람이 '큰일'을 잘 해낼 리 만무하다.

무슨 일을 하든, 어떤 직급이든 가장 중요한 것은 마음가짐이다. 선하고 올바른 마음가짐을 지닌 사람만이 남들은 하찮게 보는 일에 색안경을 끼지 않고 최선을 다해 최고로 해낸다.

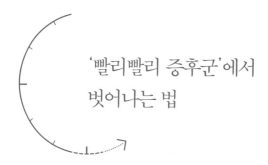

'빨리빨리 증후군'에서 벗어나는 법

아침 출근 시간에 길을 걷다 보면 학생들과 직장인들이 매우 규칙적이면서도 빠르게 걸어가거나 뛰어가는 걸 볼 수 있다. 사람들은 하나같이 목적지를 향해 앞으로, 앞으로 걸어간다. 그중 한 사람을 붙잡고 어딜 그렇게 바쁘게 가느냐고 물어보면 분명 시간도 없는데 귀찮은 일이 생겼다고 생각할 것이다.

그들은 일상에 쫓기고 학업에 쫓기고 돈 벌기와 내 집, 내 차 마련에 열중하느라 정신이 없다. 석양이 지는 오후에 어딘가에 앉아 한가로이 차 한 잔을 마시거나 길가에 핀 꽃을 들여다볼 여유가 없다. 여유롭게 앉아 담소를 나누거나 잠시 낮잠을 잘 시간도 없다.

한 유명인이 있었다. 그가 명성을 얻게 된 이유는 본인이 속한 학술 영역에서 뛰어난 것도 있었지만 온종일 아무와도 이야기를 나누지 않을 정도로 바쁘게 살기 때문이었다.

하루는 그가 몸이 아파서 일을 나가지 못했다. 그는 이참에 한동안 보지 못했던 친구를 만나야겠다고 생각해 친구의 집을 찾아갔다. 대문에 들어서면서 그는 친구 집 정원에 있는 계수나무의 향기에 흠뻑 빠져들었다.

"정원을 새로 꾸민 모양이야?"

친구 말로는 계수나무는 그전에도 있었고 그때도 지금처럼 향기로웠다고 했다. 그는 예전에도 여러 번 친구의 집을 방문했었지만 정원이 어떤 모습이었는지 기억나지 않았다.

"아니, 자네. 우리 집을 몇 번이나 왔었는데, 설마 기억 못 하는 거 아니지?"

친구가 믿을 수 없다는 얼굴로 물었다. 그제야 그는 자신이 너무 정신없이 바쁘게 살아왔다는 걸 깨달았다. 문 앞에 떡하니 서 있는 풍성하고 아름다운 계수나무의 존재조차 모르고 있었다는 게 새삼 충격으로 다가왔다.

'빨리빨리'에 중독된 사람들은 본능적으로 시간이 빨리 지나가길 바란다. 줄 서는 시간조차 아까워 끼어들기를 하며 더 빠른 길을 찾는 사람들이 대표적인 예다. 그들은 대화할 때도 최대한 간결하게 표현하는 걸 좋아하고 콘텐츠를 볼 때도 휴대폰을 사용한다. 그게 더 빠르기 때문이다.

문제는 계속해서 빠른 생활을 추구하다 보면 가족과 지인, 친구들은 물론 결국에는 자신에게까지 소홀해진다는 점이다. 끊임없이 스스로 '빨리빨리'를 요구하다 보면 계속해서 크고 무거운 짐을 짊어지고 갈 수밖에 없으므로 인생의 행복과 즐거움을 즐길 여유가 사라진다.

한 남자가 시골의 좁은 길을 걷고 있었다. 회색빛 하늘에 부슬부슬 내리는 비까지 더해져 길 위로 펼쳐진 풍경이 매우 아름다웠다. 그때 갑자기 맞은편에서 오토바이 한 대가 다가왔다. 남자는 손을 흔들어 오토바이를 멈춰 세우고 운전자에게 길을 물었다.

"실례지만 여기서 청산촌까지 얼마나 걸립니까? 혹시 맞은편에 보이는 저 마을이 청산촌인가요?"

그러자 오토바이를 탄 사람이 대답했다.

"네, 맞습니다. 바로 저 마을입니다. 제가 저 마을 사람인데 원하시면 태워줄게요.”

남자는 고개를 저었다.

“곧 비가 많이 내릴 겁니다. 빨리 마을로 들어가서 비를 피하시죠. 저희 집에 욕조도 있으니 거기서 몸을 녹이셔도 돼요.”

남자는 다시 한번 거절하며 두 발로 걸어가겠다는 의사를 밝혔다. 오토바이는 이내 흙먼지를 일으키며 그 자리를 떠났다. 얼마 지나지 않아 한 노인이 달구지를 끌며 천천히 그의 곁으로 다가와 물었다.

“방금 오토바이를 그냥 보내는 걸 봤소이다. 오토바이가 타기 싫은 거면 혹시 이 달구지라도 같이 타고 가실라우?”

그러자 남자는 기쁜 얼굴로 대답했다.

“감사합니다, 어르신. 사실 저는 여기 경치를 감상하러 왔거든요! 청산촌에 가는 건 그다음입니다. 비가 곧 올 것 같지만 기껏해야 봄비이니 그리 많이 내리진 않을 겁니다. 실례가 되지 않는다면 어르신 수레에 몸을 싣고 천천히 경치를 감상하면서 가도 될까요?”

물론 시간을 소중히 여기고 효율적으로 일을 처리하는 건 잘못이 아니다. 하지만 그것 때문에 삶의 본질을 놓쳐서는 안 된다. 자신을 바쁜 세상 속에 방치해서는 안 된다. 여행을 가서도 분주하게 돌아다니기만 한다면 무슨 의미가 있겠는가? 인생도 마찬가지다. 너무 바쁘게 걸어가느라 길가의 풍경은 안중에도 없이 그저 목적지만을 향해 달려가는 인생이 과연 무슨 의미가 있을까?

달팽이를 타고 주변을 감상한다는 마음으로 조금 더 여유를 가지고 눈앞에 펼쳐진 아름다운 풍경을 온전히 눈에 담아보자. 이것이야말로 행복을 누리는 삶의 자세다. 조급해하지 않고 분주해지지 않는 것. 그러한 마음가짐이 당신에게 진짜 인생의 즐거움을 선사한다.

분주함은 이 세상에서 가장 지독한 병이다. 어떻게 하면 이 '빨리빨리 증후군'에서 벗어날 수 있을까? 심리학자들은 장단기적인 인생의 목표나 업무적 목표를 확실히 정해야 하며 그 목표를 주별, 일별로 정리하라고 권한다. 특히 다급한 일상의 리듬은 스트레스를 일으키므로 '빨리빨리 증후군'에서 벗어나려면 다음의 몇 가지를 실행해야 한다고 지적한다.

첫째, 신체 리듬을 조절하라. 신체적인 질병은 신경 계통에도 영향을 끼쳐 긴장감, 초조함 등의 부정 정서를 불러온다. 몸이 건강해야 마음도 즐겁다. 가장 먼저 해야 할 일은 건강을 지키는 것이다.

둘째, 정서를 조절하라. 스트레스는 외부의 영향도 받지만 스스로에 대한 기대에서 비롯되기도 한다. 삶에 대한 기대치를 적절하게 낮추고 완벽해야 한다는 강박에서 벗어나면 훨씬 큰 만족감을 얻고 초조함과 불안함을 덜어낼 수 있다.

셋째, 삶의 패턴을 조절하라. 느리게 걷기, 가볍게 말하기, 굳이 필요하지 않을 땐 시계 보지 않기, 퇴근 후에는 일 생각 하지 않기, 재미있는 여가 활동 참여하기, 취미 생활 즐기기 같은 방법으로 우리의 뇌가 쉴 수 있는 시간을 주도록 하자.

넷째, 건강한 인간관계를 맺어라. 정서적, 감정적으로 '이상 신호'가 나타날 때 인간관계가 원만한 사람은 자신의 고충을 토로할 대상을 찾아 적절히 그것을 발산하고 해결한다. 그러므로 가족, 주변 지인들과 평소에 더 많은 시간을 보내두자.

"인생은 한 잔의 차와 같다.
서둘러 마시면 그만큼 더 빨리 바닥이 드러난다."

소설가 제임스 매튜 배리 James Matthew Barrie

제2장

충동적으로 결정하고
후회하는 사람들

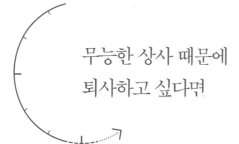

무능한 상사 때문에
퇴사하고 싶다면

충동적으로 내린 결정은 대부분 후회를 몰고 온다. 욱하는 행동에
는 반드시 그에 따른 대가를 치르게 된다.

한 교관이 신병 부대로 차출되어 훈련병들의 훈련 교관으로 배치되
었다. 훈련소는 원래 있던 부대와 비교적 가까운 거리에 있었다. 그
는 아침마다 훈련병들을 데리고 단거리 행군 훈련을 했다. 행군 도
중에는 두 번의 횡단보도를 건너야 했는데 병사들의 안전 문제를 고
려해 그는 자전거를 타고 훈련병들보다 먼저 사거리에 도착해 교통

상황을 살펴보면서 행군에 지장이 없도록 조율했다.

그런데 하루는 재수없게도 행군 도중에 사단장을 마주쳤다. 새로 부임한 이 사단장은 새벽마다 평상복 차림으로 조깅하는 습관이 있었는데, 마침 훈련병들이 행군하는 그 길을 지나던 참에 그들을 보게 된 것이었다. 사단장은 지친 모습으로 숨을 헐떡이며 행군하는 훈련병들과 달리 여유롭게 자전거를 타며 달리는 교관을 보고는 화가 나 그 자리에서 호통을 쳤다.

"자네! 지금 뭐 하는 건가! 당장 그 자전거를 버리고 훈련병들과 같이 행군해서 부대로 돌아가도록 한다!"

교관은 곧바로 달려와 사단장에게 거수경례한 뒤 앞뒤 상황을 설명하려고 했지만, 사단장은 전혀 듣고 싶은 생각이 없어 보였다.

"이유 여하를 막론하고 지금 당장 병사들과 같이 행군하여 부대로 돌아간다! 실시!"

그러자 교관은 그 자리에서 화를 참지 못하고 하고 싶은 말로 그를 쏘아붙였다.

"사고라도 나면 책임지실 겁니까? 제가 지금 노는 게 아니지 않습니까!"

그러고는 자전거를 탄 채 부대로 쏜살같이 달려갔다. 그날 오후, 그는 훈련 교관에서 면직당해 자대로 돌아가라는 통보를 받았다.

'자리가 사람을 만든다'라는 말이 있다. 말 그대로 앉은 자리가 그 사람의 사고방식과 말투를 결정한다는 뜻이다. 상사는 상사의 위치에서 말하고 행동하지만 부하 직원의 입장에서는 상사가 자신의 어려움을 전혀 알아주지 않는 것 같아 서운할 때가 있다. 어쩌다 상사가 혼을 내거나 지적이라도 하면 화가 치밀어 오르기도 한다.

가끔은 상사가 오해를 할 수도 있고 정말 말도 안 되는 비난을 할 때도 있다. 그렇다고 억울한 일들을 마음에 담아두고 계속해서 되뇌면 상사에 대한 불만만 한없이 커지게 된다. 하지만 조금만 더 깊이 생각해보자. 상사가 아무것도 모르면서 이것저것 지시하는 것처럼 보이겠지만 진짜 아무것도 모르는 사람이라면 그 자리까지 오를 수 있었을까?

설령 상사가 나의 상황에 대해 정말 아무것도 모른 채 화내거나 지적한다고 해도 우리도 똑같이 화내거나 책상을 내리치며 받아쳐서는 안 된다. 어찌 됐든 상사는 상사다. 그는 부하 직원들에게 존중받아야 하며 그 자리에 대한 인정을 받아야 한다. 상사가 아무리 성격 좋고 마음씨 착한 사람이라고 해도 자주 욱하고 언성 높이는 부하 직원을 좋게 보기는 힘들다.

그러니 흥분한 상태에서는 상사와 부딪치지 않도록 조심하자. 진짜 상사와의 소통에 문제가 있거나 생각에 많은 차이가 있다면 이성을 되찾은 다음 허심탄회하게 이야기하는 자리를 마련하라. 이때에도 문제에 관해 차근히 대화를 나누되 우격다짐은 하지 않도록 주의한다.

오늘 H는 상사에게 화를 내고 말았다. 업무적으로 일어난 과실이 그의 잘못이 아니었는데도 상사가 앞뒤 맥락을 잘 모른 채 그에게 쓴소리를 했기 때문이다. 억울한 그는 상사가 아무런 능력도 없이 저 자리에 올라 부하 직원들에게 비난만 해댄다고 생각했다. 결국 그는 마음을 정리하지 못하고 그날 퇴근길에 바로 사직서를 제출했다.

상사는 아쉬울 게 없었다. 그다음 날 바로 그의 임금을 정리해서 결산해주고 곧바로 집으로 가는 문을 열어주었다. H는 회사를 나서면서 비로소 자신이 다시 험난한 취준생의 길로 접어들었으며 당분간은 경제적인 스트레스를 받아야 한다는 현실을 깨달았다. 사실 그는 자기 일을 매우 좋아했는데도 순간의 충동적인 행동으로 결국 일자리를 잃어버린 것이었다. 다시 돌아가려야 돌아갈 수 없었던 그는 그저 깊은 한숨을 내쉬며 하늘만 바라봤다.

화가 잔뜩 난 상태에서 사직서를 던지고 회사 문을 박차고 나오는 모습이 멋져 보이는가? 더 좋은 기회가 기다리고 있는 사람이라면 말할 나위 없지만, 현실적으로 많은 직장인에게 '퇴사'란 일정 기간 불안정한 수입을 견뎌내고 새 일자리를 찾아 다시금 새로운 환경에 적응하고 인맥을 쌓아야 하는 고생스러운 과정이다.

하지만 당신의 상사는 그저 구인 공고를 내고 새로운 사람을 하나 더 뽑으면 그만이다. 일이 정말 자신에게 맞지 않거나 더 좋은 환경으로 옮기고 싶어서 퇴사를 고민하는 건 아주 정상적이다. 하지만 상사와의 갈등으로 억울하다고 욱하는 마음에 퇴사해버리는 건 아무런 의미가 없다.

상사가 무능해 보이더라도 성급히 그를 탓하거나 원망하지 말자. 상사라고 해서 모든 행동이 완벽할 수 없다. 그것은 단지 하나의 직급일 뿐이다. 설사 그 위치에 올랐다고 해도 리더십이나 행동에 문제가 있을 수 있다. 그러니 상사에게 죽기 살기로 덤벼드는 행동이 과연 옳은지 한 번 더 생각해보길 바란다.

《공명 리더십Resonant leadership》의 공동 저자 애니 맥키는 "현실 속 상사는 조직 안에서 당신이 생각하는 것보다 훨씬 더 많은 파워를 지녔다"라고 지적한다. 아무리 상사가 무능하다고 느껴지더라도 지금 당장 당신의 커리어를 말살하고 싶은 게 아니라면 욱하는 마음을 가라앉히고 사표를 내던지고 싶은 마음을 달래보길 바란다. 그렇지 않으면 당신은 그 어떤 '전쟁터'에서도 살아남기 힘들다.

상사와 관계가 나빠져
퇴사하고 싶다면

직장에서 일하다 보면 나도 모르게 말실수를 하거나 업무를 완벽하게 처리하지 못하는 등 이런저런 실수를 저질러 상사에게 찍힐 때가 있다. 이럴 때는 본인이 회사에 아무런 도움도 되지 않는 것 같다는 생각에 퇴사만이 유일한 선택지로 느껴지기도 한다.

사실은 그렇지 않다. 아무리 상사의 총애를 받지 못한다고 해도 퇴사는 신중하게 고민해야 한다. 먼저 당신이 왜 상사의 신뢰를 잃었는지 생각해보자. 만일 업무 능력이 문제라면 욱하는 마음에 사직서를 낸다고 하더라도 다른 회사에서 꼭 잘 해내리라는 보장이 없다. 그보다는 먼저 업무를 잘 숙지하고 능력을 키운 다음 그에 상응하는 연봉을 받게 되었을 때 이직을 결심해도 늦지 않다.

2015년 초, B는 한 피부 관리실에 취직했다. 나중에 알고 보니 대표가 그녀와 같은 고향 출신이었다. 대표는 예쁘장한 얼굴에 부지런하고 센스 있는 그녀를 매우 좋아했다. 담소를 자주 나누었고 함께 쇼핑도 즐겼으며 가족 행사에 초대하기도 했다. 둘의 관계는 점점 가까워졌고 사적인 장소에서는 서로 언니, 동생으로 부르기까지 했다.

얼마 후 대표는 B에게 점장 자리를 맡겼다. 그녀는 동료들 앞에서 일종의 우월감을 느꼈다. 다른 직원들은 마음속으로 그녀를 탐탁지 않아 했지만 겉으로는 내색하지 않았다. 그녀는 매일같이 어떻게 하면 대표의 마음을 더 사로잡을 것인지만 고민했다.

하지만 3개월이 지나도록 그녀가 맡은 매장의 매출은 오르지 않았고 오히려 점점 떨어지기 시작했다. 그해 연말, 결국 대표는 새로운 사람을 뽑았고 한 달 뒤에 그를 매장 총지배인으로 임명했다. 누가 봐도 이건 B에 대한 강직 처분이었다.

그러던 어느 날, 새로 부임한 총지배인이 직원들에게 업무 분장을 하는 자리에서 B는 대놓고 "하기 싫어요"라고 말해버렸다. 그 일로 그녀는 대표에게 쓴소리를 들어야만 했다. 대표는 "너에게 여러 번 기회를 주었지만 실적으로 보답하지 못했다"라고 말했다. 자존심이 상한 그녀는 3일 뒤 사직서를 제출했으나 대표는 단 한 번의 만류 없이 사표를 수리했다.

퇴사 후 다시 구직의 길에 오른 B는 그제야 현재 본인의 능력으로는 예전과 같은 직위나 직급의 일을 구하기 힘들다는 사실을 깨달았다. 과거의 높은 연봉은 대표의 총애와 인심으로 얻은 '거품'이었다는 걸 그제야 알게 된 그녀는 깊은 고민에 빠지고 말았다.

이유야 어찌 됐든 퇴사 전에는 심사숙고가 필요하다. 많은 사람이 '여기 아니면 내가 일할 데 없겠냐'는 마음으로 회사를 다니면서 본인은 어디에서든지 잘 적응할 능력이 있다고 착각한다. 그런데 대부분 퇴사는 단 한 마디의 말로 마무리되지만 새롭게 일자리를 구하려면 상당한 시간과 에너지, 그리고 적응기가 필요하다.

지금 퇴사를 고민하는 당신에게 묻겠다. 만약 당신이 새로운 회사를 찾아 반년 동안 열심히 적응해 마침내 팀 안에서 기반을 다지기 시작했는데, 불행하게도 새로운 상사 역시 당신을 별로 마음에 안 들어 한다면 그땐 또 어떻게 하겠는가? 퇴사는 근본적으로 문제를 해결하는 방법이 아니다. 그러니 신중하게 생각하고 고민한 끝에 결정을 내려야 한다.

신문방송학을 전공한 연정은 졸업 후 뜻하지 않게 한 IT 기업의 마케팅팀으로 들어가게 되었다. 사실 졸업 전에 그녀는 자신의 전공을 살려 신문사나 방송국에 들어가면 즐겁게 일할 수 있을 거라고 생각했다. 그런데 지인이 회사를 소개해주면서 '초년생에게 주는 월급치고는 높은 편'이니 들어가서 일을 해보면 어떻겠냐고 제안한 것이다. 하지만 1년 정도 지나자 연정은 고민에 빠졌다. 일단 마케팅 업무에 흥미가 없는 데다 몇몇 동료와도 사이가 좋지 않아 껄끄러운 상황이었다. 결국 그녀는 상사를 찾아가 자기 생각을 털어놓았다.

"그만두고 싶습니다. 다른 도시에 정착해서 새롭게 시작하고 싶어요."

상사는 연정이 월급이 적어 퇴사를 고민한다고 생각했다.

"좋아. 그럼 다음 달부터는 월급을 20% 인상해줄게. 잘해봐. 지금도 잘하고 있지만 말이야."

"팀장님, 연봉을 인상해달라는 말이 아닙니다. 정말로 그만두고 싶어요. 제 전공이 신문방송학이니만큼 그쪽 분야에서 꿈을 이루고 싶어서요."

오랜 시간 대화를 나눈 끝에 상사는 연정의 진심을 알게 되었다.

"자네 뜻은 충분히 알겠어. 그런데 자네 혼자서 다른 도시로 가서 새롭게 시작한다는 게 생각만큼 쉽진 않을 거야. 게다가 부모님도 모두 여기 계시잖아. 다른 도시에 가서 생활하다 보면 1년에 기껏해야 한두 번 정도만 뵙게 될 거고. 혹시 생각해둔 회사가 있는 거야? 그게 아니라면 내가 아는 친구 회사를 소개해줄게. 절대 강요하는 건 아니야. 인터넷뉴스 사이트를 운영하는 회사니까 한번 고민해보고, 다른 도시로 옮겨가는 건 다시 잘 생각해봐."

현재 연정은 상사가 소개해준 회사에 잘 정착해 안정적으로 돈을 벌며 즐겁게 일하고 있다. 그녀는 당시에 충동적으로 회사를 그만두고 다른 도시로 가지 않은 게 참 다행이라고 생각하고 있다.

성격이 급한 사람들은 회사에서 갈등이나 문제가 생기면 곧바로 퇴사를 떠올린다. 일이 재미없어도, 임금이 낮아도, 상사가 마음에 들지 않아도, 업무가 너무 힘들어도 모두 퇴사를 생각한다. 다시 한 번 강조하지만 욱하는 마음에 충동적으로 회사를 그만두는 일은 없길 바란다.

앞서 말했듯이 퇴사는 근본적으로 문제를 해결할 좋은 방법이 아니다. 그보다 상사가 왜 임금을 올려주지 않는지, 상사가 왜 나를 마음에 들어 하지 않는지, 나는 왜 동료와 관계가 껄끄러운지, 나는 왜 맡은 업무를 잘 해내지 못하는지 등을 잘 생각해봐라. 혹시 문제가 나에게 있진 않은지, 아니면 정말 회사 문제인지를 돌아본 다음 퇴사를 결정해도 된다.

특히나 퇴사를 빌미로 상사를 '협박'하는 일은 없어야 한다. 퇴사 의사를 내비치면 상사가 무조건 연봉을 올려주거나 당신이 원하는 대로 협상해줄 거라고 자만하지 마라. 당신의 업무 능력이 월등히 뛰어나지 않은 이상, 회사로서는 그저 한 명의 직원이 빠져나가는 것 외에는 아무런 손해나 손실이 없다. 그들은 그저 당신을 대신할 한 명을 새로 뽑으면 그만이다. 하지만 당신은 그렇지 않다. 직장에서의 황금기는 10년이 채 되지 않는다. 그러니 한 해, 한 해가 아주 소중하다.

충동적인 마음으로 이직을 결정하는 사람들은 퇴사 후 일어날 여러 문제에 관해 충분히 생각하지 않는다. 하지만 '퇴사 후'에 대해서 반드시 현실적인 고민을 해야 한다. 퇴사 후 곧바로 일자리를 찾지 못한다면 지금 당장 저축해둔 돈으로 얼마나 생활을 유지할 수 있을까? 그러니 이직 전에 충분히 고민하고 생각한 다음 커리어에 대한 명확한 계획을 세워야 한다. 그래야 자기 인생에 마땅한 책임을 질 수 있다.

아무리 외로워도
아무와 연애하지 마라

솔로인 당신은 밸런타인데이를 어떻게 보내는가? 그날 곳곳에서 진행되는 '1+1 반값 행사'는 어떻게 피하는가? "요새 만나는 사람은 있어?"라고 물어오는 친구들의 '무차별적인 공격'에는 어떻게 대응하는가?

우리 주변에는 외로움을 견디지 못하는 사람들이 많다. 그들은 아무 데서나 사랑할 대상을 찾아서 '거친' 사랑을 나누지만 결국 남는 건 상처뿐이다.

어느 지방에 사는 직장인 여성이 있다. 그녀에게 주말이나 휴일은 가장 힘든 시간이다. 혼자 지방에 내려와 살고 있어서 주변에 가족이나 친척이 없고 친구도 많지 않다. 딱히 취미도 없어서 쉬는 날에는 그냥 집에서 영화나 드라마를 본다. 그럴 때마다 여자는 참기 힘든 외로움과 쓸쓸함에 시달리며 어떻게 해야 할지 몰라 우왕좌왕한다. 회사 모임이 있으면 동료들은 너도나도 애인을 함께 데려오는데 그녀만 달랑 혼자 참석한다. 외로움은 더 심해진다.

오랜 외로움을 참지 못한 여자는 결국 어느 날 사교 커뮤니티에 가입해서 한 남자를 알게 된 후 빠르게 사랑에 빠졌다. 둘은 같은 도시에 살았고 그는 시간이 나면 항상 그녀를 보러 왔다. 대화도 잘 통했기에 여자는 이 관계에서 많은 위안을 받았고, 더 이상 외로움에 시달리지 않아도 되겠다는 생각에 기뻤다.

하지만 시간이 지날수록 남자는 쏨쏨이에 인색해졌다. 같이 있으면 항상 그녀가 돈을 냈다. 처음에는 대수롭지 않게 여겼다. 데이트하며 자신도 즐거우니 이 정도는 낼 수 있는 거라고, 너무 쪼잔하게 굴지 말자고 생각했다.

어느 날 그가 "돈을 빌려달라"는 얘기를 꺼냈을 때, 남자의 진상을 알아차렸어야 했다. 하루는 그가 여자에게 전화를 걸어 자신이 출장 중에 소매치기를 당해 가지고 있던 모든 돈을 다 잃어버려 집에 갈

차비도 없는 상황이라며 도움을 구했다. 그녀는 두말하지 않고 바로 100만 원을 송금했다.

그런데 이틀 뒤 여자는 낯선 사람에게 전화를 받았다. 상대는 자신이 모 지역의 의사인데 그녀의 남자친구가 집으로 돌아가던 길에 교통사고를 당했고, 지금 당장 수술이 필요하니 수술비 600만 원을 송금해야 한다고 했다. 조금이라도 늦었다간 남자친구가 불구가 될 수 있을 거라고 했다.

여자는 마음이 급해졌다. 그와 그렇게 깊은 관계는 아니었지만 어쨌든 서로 함께한 시간이 있었고, 덕분에 자신의 삶도 조금은 행복해졌다는 생각에 바로 돈을 입금했다. 그리고 그의 병문안을 위해 바로 회사에 월차를 냈다. 하지만 그 뒤로 그는 연락이 두절되었고 여자는 그제야 자신이 사기를 당했다는 사실을 깨달았다.

아무리 외로워도, 아무리 쓸쓸해도 성급하게 아무나와 연애해서는 안 된다. 쓸쓸한 감정으로 가득 차면 상대에게 의존하려는 마음이 생기는데, 이는 진정한 의미의 연애가 아니다. 외로울 때는 맹목적으로 그저 연애를 위한 연애를 하게 되지만, 이는 당신 자신에게 큰 상처를 남긴다. 진정으로 마음을 다해서 하는 사랑이 아니기 때문이다.

진정한 사랑은 그렇게 빨리 찾아오지 않는다. 기대는 접어두는 게 좋다. 외로움을 씻어내기 위한 사랑이 아니라 당신에게 '맞는 사람'과 하는 사랑이어야 한다. '맞는 사람'이란 좋은 사람이면서 서로를 위하고 사랑하는 사이를 말한다.

사랑은 서로를 좋아하는 마음에서 시작한다. 대충 끼워 맞추기식의 사랑은 사랑이 아니다. 당신이 요리를 시켰는데 주문한 요리가 아니라 다른 요리가 나오면 참고 넘어갈 수는 있지만 마음은 불편할 것이다. 그게 바로 끼워 맞추기식의 사랑이다. 그런 사랑은 아름다울 수 없다.

아무리 외로워도 아무나 찾아서 연애하지 마라. 당신의 사랑이 조금 천천히 오는 중이라고 믿으면 된다. 급하게 연애할 필요도 없다. 연애는 삶에서 중요한 것들 중 하나일 뿐이다. 삶의 전부가 아니다. 그런데 아무나 당신의 삶으로 초대하고 거기에서 중요한 일부 또는 전부를 차지하게 두는 순간, 상황은 복잡해진다.

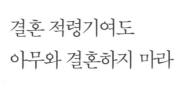

결혼 적령기여도
아무와 결혼하지 마라

혼기에 찬 사람들이 귀에 못이 박히도록 듣는 말들이 있다. "요즘 만나는 사람은 있니?", "결혼할 사람은 있는 거니?", "결혼 정보 사이트에 너 대신 회원가입 해놨어. 연락 오면 나가 봐." 소위 '결혼 적령기'의 남녀는 어딜 가나 결혼 소리를 듣는다. 그게 싫어 본가에 가길 꺼려하거나 가족, 친척들과 얼굴을 붉히는 일도 비일비재하다.

30살의 한 여성이 요즘 방영 중인 막장 드라마의 게시판을 찾았다. 그 드라마의 내용은 매회 비슷했다. 극 중 어머니는 계속해서 딸에게 결혼을 강요한다. 처음에는 대화를 잘 나누다가도 결국 다툼으로 번져서는 결혼하지 않으면 건물에서 뛰어내리겠다며 딸을 협박하는 식이었다. 그럴 때마다 주인공은 아무런 저항도 못 하다가 엄마가 죽으면 나도 따라 죽겠다며 울고불고 난리였다.

그녀는 분노에 가득 찬 심정으로 드라마 게시판에 글을 남겼다. '대체 왜 이렇게까지 하면서 결혼을 해야 하는지 모르겠다. 지나가는 사람을 아무나 한 명 붙잡고 하면 되는 게 결혼인가? 차라리 이럴 바에야 결혼하지 않고 혼자 사는 삶이 낫지 않나? 나는 혼자인 지금의 삶이 행복하다. 죽어도 저런 식의 결혼은 하고 싶지 않다.'

'아쉬운 대로', '그럭저럭 나쁘지 않아서' 하는 결혼이 정말 행복할까? 시대가 변하면서 결혼에 대한 사람들의 가치관에도 많은 변화가 일어났다. 곰곰이 생각해보면 결혼뿐만 아니라 무슨 일이든 누군가에게 억지로 떠밀려 하는 일은 그리 결과가 좋지 않다.

물론 부모님과 주변 지인들의 지나친 관심과 과도한 참견이 당신을 지치게 하는 건 맞다. 이틀에 한 번꼴로 전화를 걸어서 요즘 사는 건 어떤지, 누구 만나는 사람은 없는지 묻고, 소개팅 자리를 마련했으니 한번 나가보라는 얘기를 들으면 지치기 마련이다. 그렇다고 자포자기하는 심정으로 누군가의 등쌀에 못 이겨 결혼한다면 어떨까? 당신은 정말 그런 결혼을 원하는가?

C는 20살 이후로 몇 번의 연애를 했지만 여러 이유로 관계를 정리했다. 당시 20대였던 그녀는 나이도 어리고 할 일도 많으니 먼저 일에 집중해서 커리어를 잘 쌓은 다음 연애를 해도 늦지 않을 거라고 생각했다.

시간은 생각보다 빠르게 흘러갔고 고개를 들어보니 어느새 30대 중반을 향해 가고 있었다. 주변 친구들은 이미 누군가의 아내, 누군가의 어머니로 삶을 살아가고 있었다. 하지만 자신과 비슷한 연령대의 남성들은 훨씬 어린 여성을 선호했고 마음 맞는 사람을 찾는 게 생각처럼 쉽지 않았다.

그러던 어느 날, 친구의 소개로 C는 엔지니어로 일하는 남자를 알게되었다. 두 사람은 종종 식사를 하거나 야외로 드라이브를 갔다. 그는 무뚝뚝하고 말이 없는 사람이었지만 그녀에게만큼은 매우 다정했다. 그와 함께 있을 때면 안정감을 느낀 여자는 이 남자와의 결혼을 미룰 필요가 없다고 생각했다. 이번에 그를 놓쳤다가는 남들이 말하는 '올드미스'로 늙어 죽을 것 같다는 생각까지 들었다. 그래서 그가 청혼했을 때 그녀는 바로 고개를 끄덕였다.

결혼을 하고 남편은 바로 승진했다. 매일 술자리가 있었고 나흘 중

사흘은 집을 비웠다. 부부 사이에 대화는 없었다. 그는 일이 많아도 너무 많았는데 그녀는 남편의 수입을 전혀 몰라 더 답답했다. 결혼 후 남편은 단 한 번도 생활비를 준 적이 없었다.

시간이 흘러 그녀는 임신을 하게 되었지만 별로 기쁘지 않았다. 남편 역시 그녀가 임신했다고 해서 달라지는 건 없었다. 아이를 지우고 남편과 이혼하고 싶었지만 어머니의 강렬한 반대에 부딪쳤다.

"지금 네 나이에 이혼하면 또 어디서 남자를 찾으려고 그러니? 원래 결혼 생활이라는 게 다 그런 거야. 아이부터 낳고 그다음에 다시 생각해봐."

배는 점점 불러왔지만, 그녀는 엄마가 되었다는 기쁨보다 점점 더 심해지는 불안에 시달려야만 했다.

결혼이란 한 사람의 평생이 걸린 중요한 일이다. 그런 일을 어떻게 '아쉬운 대로' 대충할 수 있단 말인가? 그런 마음으로 결혼하면 당신뿐 아니라 배우자에게도 큰 상처와 아픔을 남기게 된다. 나이나 현실을 핑계 삼지 마라. 여성들도 결혼 생활에 자신을 옭아맬 필요가 없다. 기혼 후에도 얼마든지 자신의 사업을 확장하고 매력과 아름다움을 발산할 수 있다. 등 떠밀려 하는 결혼은 내 삶의 모든 순간에 크고 작은 행복을 방해하는 걸림돌이 된다.

결혼은 간단하지만, 이혼은 더 간단하다. 중요한 건 '당신이 진정으로 원하는 삶을 사느냐'다. 그 누구도 당신의 권리를 빼앗을 수 없다. 당신의 삶은 오로지 당신 것이다. 어쩔 수 없이 떠밀려가는 인생을 살지 마라. 당신의 생각, 당신의 목표를 따라 한 걸음씩 나아가라.

결혼 생활에서는 경제적인 충돌 외에도 서로의 인생관, 가치관, 세계관, 라이프스타일 등 조율해야 할 것이 너무 많다. 그러다가 둘 중 하나라도 일자리를 잃어 경제활동을 못 하게 되면 훨씬 더 많은 현실적 문제에 부딪히게 된다. 결혼의 전제는 사랑이다. 삶을 한 단계 성숙하게 만들고자 하는 바람과 서로를 향한 갈망이 있을 때 비로소 이뤄지는 것이 결혼이다. 혼기가 찼다고, 특정 나이가 되었다고 부모님의 성화에 못 이겨서 하는 것이 아니다.

복잡한 인생사에서 사실 연애와 사랑은 아주 작은 일부에 지나지 않는다. 그러니 결혼에 대한 지나친 환상이나 꿈은 버리도록 하자. 혼자서도 충분히 행복하고 즐거운 삶을 살 수 있다면 다른 사람이 뭐라고 하든지 상관없다. 이 세상에서 가장 등 떠밀려 하면 안 되는 일이 바로 사랑과 결혼이다. 당신의 사랑은 당신이 선택할 수 있지만 절대 아무렇게나, 대충 해서는 안 된다.

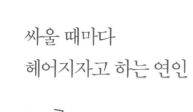

싸울 때마다
헤어지자고 하는 연인

'내게도 사랑이 있었습니다. 하지만 그땐 그 소중함을 몰랐습니다.
어리석게도 그 사람이 떠난 뒤에야 그것이 사랑이었다는 걸 깨달았
어요. 만일 신이 다시 내게 기회를 준다면 난 그녀에게 꼭 말할 겁니
다. 사랑한다고. 그리고 그 사랑을 신이 정한 시간 동안만 할 수 있다
면, 1만 년 동안 그녀를 사랑하고 싶어요.'

누군가가 떠나간 사랑을 그리워하며 인터넷에 올린 글이 한때 화
제가 되어 연인들 사이에서 "1만 년 동안 사랑해"라는 말이 유행했

었다.

그러나 속도를 중시하는 현대사회에서는 만난 지 얼마 되지 않아 번갯불에 콩 구워 먹듯 결혼을 해치우는 커플을 어렵지 않게 볼 수 있다. 물론 그만큼 이혼을 결정하고 법정을 찾는 사람들도 많아졌다. 길을 걷다 보면 진한 애정행각을 하는 커플뿐만 아니라 언성 높여 싸우다가 헤어지는 커플도 볼 수 있다. 왜 그럴까? 사랑하는 사이에 오해가 생겼는데 왜 문제를 해결하려 노력하기보다 큰 소리를 내며 싸운 뒤 쉽게 이별을 결심하는 걸까?

2016년, 한 남성이 자신의 SNS에 눈물 젖은 편지를 올렸다.

사랑하는 나의 전 여자친구에게.

자기야! 지금은 이렇게 부르면 안 되는 걸 알면서도, 미안해. 대학교 4년 내내 이렇게 부르는 게 습관이 되어서 말이야. 키보드에 손을 올리고 막상 글을 쓰려고 하니 어디서부터 어떻게 써야 할지 모르겠지만 자기에게 하고 싶은 말이 여전히 너무 많아.

자기가 떠난 뒤 내 삶은 공허함과 슬픔으로 가득해. 마음이 답답하고 자꾸만 우울해져. 요 며칠은 아무것도 못 하고 멍하니 있는 시간이 많았어. 사람들이 나더러 얼굴에 슬픔이 가득하다고, 무슨 일이냐고 물어보면 난 그냥 우리가 끝났다고만 얘기해.

자기야, 그래도 자기를 향한 기대와 바람이 나를 외롭지 않게 지켜주는 것 같아. 내가 가장 무서운 건 우리가 어쩌면 다시 만날 수도 있다는 기대와 바람조차 완전히 사라지는 거야. 그럼 정말 견디기 힘든 외로움이 몰려올 것 같아. 자기가 오지 않는 교실과 학교에 있다 보면 자꾸만 자기가 있는 곳으로 찾아가고 싶어져. 자기야, 한 번만 나를 용서해줄 수 없을까?

전생에 500번쯤 눈을 마주친 사람들이 이생에서 옷깃을 스치는 인연이 된다는 말이 있다. 누군가를 알게 된다는 건 그 사람과 인연이 있어서이며, 서로 사랑하게 된다는 건 그 인연이 형용할 수 없을 만큼 깊다는 뜻이다. 내가 좋아하는 사람이 나를 좋아하려면 억만 겹의 우연과 인연, 그리고 사랑이 모여야 한다. 이런 소중한 인연을 왜 사소한 오해와 원망으로 쉽게 등져버리는 걸까.

두 사람이 함께 있다 보면 어떤 관계든 오해가 생길 수밖에 없다. 사람이 모이는 곳이라면 반드시 일어나는 일이다. 저마다 성격이 다르니 당연히 오해가 생길 수밖에 없다. 연인과 문제가 생겼을 때 당신은 마음을 가라앉히고 오해를 풀기 위해 노력했었는가?

'연애 비용'이라는 말이 있다. 단순히 연애를 할 때 쓰는 돈뿐만 아니라 시간이나 감정 같은 각종 물질적, 정신적인 소비를 모두 가리키는 말이다. 여기서 가장 중요한 건 다름 아닌 '사랑'이다. 사랑은 돈으로도 환산할 수 없는 아주 중요한 가치다. 단순히 어떤 문제나 사건을 오해해서 곧바로 사랑을 저버리고 이별을 결심한다면 커다란 후회와 상처만 남는다.

어떤 이는 연인과 하루 24시간 내내 붙어 있길 바라지만 그건 현실적으로 불가능하다. 건강한 연애는 각자 독립적으로 해야 할 일을 존중하며 서로를 속박하거나 구속하지 않는 것이다. 문제가 생겼다면 최대한 이성적으로 그 문제를 해결하도록 노력하자. 그리고 절대로 상대에게 손을 대거나 폭력을 행사해서는 안 된다. 그랬다가는 아무리 오해가 풀렸다고 해도 결국에는 이별로 마지막을 장식할 수밖에 없다.

싸우거나 문제가 생겼을 때 한 걸음 물러서는 지혜도 필요하다. 만일 두 사람이 서로 너무 화가 난 상태라면 먼저 아무 말도 하지 말고 침묵을 유지하라. 그렇게 갈등을 겪은 후에는 냉전기에 들어갈 필요가 있다. 다만 이 냉전기가 너무 길어져서는 안 된다. 그 시간이 너무 길면 서로를 미워하게 되고 미워할수록 화만 더 커진다. 그러므로 잠시의 냉전 후에는 꼭 자리를 마련해 대화를 나눠야 한다.

많은 연인이 화가 난 상태에서 일방적으로 헤어짐을 통보하고 상대는 또 화가 난 상태에서 그것을 받아들인다. 이런 경우에는 반드시 한 사람은 후회하고 나머지 한 사람은 눈물을 흘린다. 그리고 이별 후 얼마 동안은 나는 그를 사랑하지 않았다고 생각한다. 사랑을 할 때 이런 태도는 버리는 게 좋다. 감정은 원래 불안정하고 미성숙한 것이라서 서로를 열렬하게 사랑했다고 해도 그 미성숙함이 조바심을 부추겨 때로는 상대와 자신을 믿지 못하게 만든다.

사랑에도 인내심과 끈기가 있어야 하며 다툰 순간에도 인내심을 발휘해야 한다. 다툼은 그저 다툼일 뿐이라고 생각해야지, 일순간의 짜증과 분노로 쉽게 이별을 결심해서는 안 된다. 누구든 어릴 때는 사랑을 잘 알지 못한다. 젊은 날의 연인들은 수시로 싸우고 다투면서도 한편으로는 불안정한 미래에 대한 심리적인 압박과 여러 문제를 견뎌내야 한다. 모두가 사랑을 배우면서 성장한다. 그러니 기억하라. 설익은 사랑을 인내심과 끈기로 키워내야만 하나뿐인 연인과 달콤한 사랑의 과실을 함께 맛볼 날이 온다.

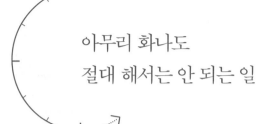

아무리 화나도
절대 해서는 안 되는 일

"이 세상 사람들 중 절반은 자기학대적 성향이 있다. 그들은 자신이 머리부터 발끝까지 결함으로 가득하며 무슨 일을 해도 운이 따르지 않는다고 생각한다. 그래서 점점 자신감을 잃어가며 다른 사람이 자신을 밟고 올라서도록 기꺼이 돕는다." 미국의 유명 심리학자 피터의 말이다.

'자기학대'란 자신의 육체와 정신에 상해를 입히는 행위로 '자해'라고도 한다. 주먹으로 벽을 가격하거나 심지어 머리를 벽에 박으며 분노를 발산하는 사람들이 있는데, 이러한 행동은 모두 비이성적이며 심각한 자해행위에 해당한다.

남편과 이혼한 뒤로 자기는 아무것도 할 수 없는 쓸모없는 존재라고 생각하는 여자가 있었다. 그녀는 이혼의 책임이 모두 자신에게 있다고 생각해 깊은 우울감에 휩싸였다. 그러던 어느 날, 바느질을 하다가 실수로 손을 찔렸는데 그 느낌이 나쁘지 않았고 오히려 마음 한편이 편안해지는 걸 느꼈다.

그날 이후 여자는 이틀에 한 번꼴로 바늘로 자기 몸을 찔렀다. 시간이 흐르자 그녀는 단순히 바늘로 몸을 찌르는 것만으로는 부족함을 느꼈고, 바늘을 아예 몸속에 넣는 기이한 행동까지 하게 됐다. 처음에 바늘을 몸속에 넣는 순간 쾌감을 느낀 여자는 닷새 정도에 한 번씩 그것을 반복했다. 그러던 중 바늘 하나가 좌골 신경을 건드려 더는 일어나 걸을 수 없게 되자 그때서야 병원으로 이송되어 치료를 받았다. 의료진은 그녀의 몸속에 있는 바늘 30개를 꺼내며 경악을 금치 못했다.

아무리 분노가 끓어오른다고 해도 절대 자기 몸을 학대하는 일은 없어야 한다. 안타깝게도 기분이 안 좋을 때마다 술을 찾는 사람들이 많다. 술을 마시며 알코올로 몸의 감각을 마비시키는데, 이 역시 일종의 자해에 해당한다. 감정을 발산할 때는 우리의 몸을 볼모로 삼지 않도록 주의해야 한다. 절대 자신을 다치게 해서는 안 된다.

그런데 슬프게도 여러 가지 원인으로 자해를 하는 사람들이 점점 많아지고 있다.

어릴 때부터 멍하니 있는 걸 좋아했던 지후는 '바보'라고 자주 놀림받았다. 2살이 넘어서야 말이 터진 그는 모든 면에서 반응이 느린 편이었고 그래서 친구들에게 종종 무시를 받았다. 그의 부모 역시 또래에 비해 똑똑하지 못한 아들에게 폭력과 폭언을 일삼았다.

하루는 도박장에서 돈을 잃고 잔뜩 화가 난 아버지가 집에 돌아와 그를 흠씬 두들겨 팼다. 그날 아버지는 대나무 회초리를 4개나 부러뜨렸다. 겨우 5살이었던 그는 꼬박 한 달을 침대 위에 누워서만 지내야 했다. 한번은 실수로 아버지의 손목시계를 망가뜨렸는데 화가 난 어머니가 강제로 그의 옷을 벗겨 집 밖으로 내쫓았다. 지나가던 이웃들과 친구들이 그런 그의 모습을 보며 키득거렸다. 자존감이 바닥을 쳤던 그때, 그는 고작 11살이었다.

중학교에 들어간 지후의 학창 시절은 더욱 암울했다. 자신을 괴롭히는 선배들에게 일주일에 한 번씩 '보호 비용'이라는 명목으로 돈을 갖다 바쳐야 했고, 그러지 못하면 속절없이 맞았다. 불량 학생들의 숙제를 도와주지 않았다는 이유로 방과 후 골목길에서 주먹과 발길질에 속수무책으로 당하는 날도 있었다.

그러던 어느 주말에 지후는 시험 성적이 좋지 않다는 이유로 부모님에게 심하게 혼이 나고 말았다. 이제 더는 참지 못하겠다는 생각이 들자 지후는 진작부터 준비해둔 쥐약에 살충제를 섞어 단숨에 마셔버렸다. 하지만 다행히도 곧바로 부모에게 발견되어 가까스로 구조되었다.

부모는 마침내 자신들이 아들에게 얼마나 모질게 굴었는지, 아들이 그동안 얼마나 힘들게 살아왔는지 깨달았다. 학교에서 그를 괴롭히던 학생들도 상응하는 처벌을 받게 되었고 그 후로 다시는 그를 괴롭히지 못했다. 지후 역시 다시는 스스로 생을 마감하는 어리석은 짓은 하지 않겠다고 결심했다. 살아 있어야만 삶을 변화시킬 가능성이 있으니 말이다.

기억하라. 자해는 그저 심리적인 아픔과 스트레스를 잠시 해소하고 주의력을 분산하기 위한 어리석은 행동에 지나지 않는다. 간혹 자기를 다치게 하고 혹사해야만 다른 사람의 관심을 받을 수 있다고 생각하는 이들도 있다. 절대 그렇지 않다. 스스로 상처 내는 사람은 다른 사람의 눈에 '강자'가 아니라 그저 '약자'로 비친다. 그들은 겉보기에 당신에게 관심을 주는 것 같지만 속으로는 당신의 생각과 행동에 반감을 품고 있다.

자해로 남은 상흔은 절대 내면의 아픔까지 어루만지고 치유할 수 없다는 걸 알아야 한다. 나의 아픔을 직면하고 그 아픔을 다른 사람에게 털어놓고 어려움을 고백함으로써 올바른 방법으로 문제를 해결하도록 도움을 받는 것이 더 현명하다.

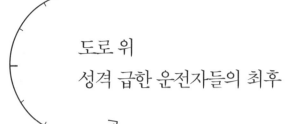

도로 위
성격 급한 운전자들의 최후

도시가 발전하면서 도로는 이전보다 넓어졌지만, 교통은 점점 더 복잡해지고 있다. 특히 출퇴근 시간의 교통체증은 머리가 지끈거릴 정도로 심각하다. 학교나 회사, 약속이나 회의 등에 시간 맞춰 도착하지 못하는 일도 비일비재하게 일어난다. 교통체증은 현대사회에서 매우 보편적이면서도 심각한 문제다.

간혹 차량이 빼곡하게 정체된 도로에서 운전을 엉망으로 하는 운전자를 만났을 때 성격 급한 사람들은 순간 분노가 차올라 욕설을 내뱉거나 과격한 행동을 저지르기도 한다. 보복 운전도 그런 이유에서 생겨나는 것이다.

성경에도 "노하기를 더디 하는 자는 크게 명철하여도 마음이 조급한 자는 어리석음을 나타낸다(잠언 14:29-옮긴이)"는 구절이 있다. 분노로 인한 행동은 대부분 불필요하다. 단지 스스로 화를 이기지 못해 나타나는 행동에 불과하다. 차가 막힌다고 화를 낸들 무슨 소용이 있겠는가. 그보다 마음을 편안하게 다스리면서 즐거운 생각을 하는 게 훨씬 현명하다.

운전뿐만 아니라 삶이란 게 그렇다. 목적지까지 아무 일 없이 평탄하게만 가기란 쉽지 않다. 예측한 시간 안에 목적지에 도달하지 못하는 상황은 수없이 일어나지만, 이럴 때일수록 '느긋한 마음'으로 조급해하지 말고 생각과 호흡을 가다듬어야 한다.

2015년 5월 3일, 청두의 한 교차로 부근에서 폭행 사건이 발생했다. 한 여성 운전자가 갑자기 차선을 변경한 탓에 뒤따라오던 남성 운전자가 화가 나 그녀의 차를 가로막고 세운 뒤 밖으로 불러내 폭행을 가했다. 경찰 조사 끝에 이 사건은 여성 운전자가 먼저 과속운전으로 세 번이나 차선을 급하게 변경했고, 이에 발끈한 남성 운전자가 화를 참지 못해 벌어진 일로 밝혀졌다.

같은 날, 다른 지역의 고속도로에서도 사건이 벌어졌다. 한 벤츠 차량의 운전자가 고속도로 톨게이트에서 끼어들기를 시도하다가 아우디 차량의 운전자와 갈등이 벌어졌다. 톨게이트 직원의 만류로 두 운전자는 다시 운전 길에 올랐지만 싸움은 끝나지 않았다. 아우디 차량 운전자는 급하게 갓길에 차를 세운 다음 뒤따라오던 벤츠 차량을 몸으로 가로막으려 했다. 당황한 벤츠 운전자가 급브레이크를 밟았지만 아우디 차량의 운전자가 벤츠의 차체 하부로 말려 들어가 사망하고 말았다. 결국 벤츠 차량의 운전자는 징역형에 처했다.

중국의사협회에서 운전자들을 대상으로 설문조사를 실시한 결과, 응답자 80%가 정도는 서로 다르지만 '교통 심리 장애'를 느껴본 적 있다고 밝혔다. 그들은 출퇴근길이나 평소 외출 시 역주행하고 싶다는 욕구를 느낀 적이 있으며, 화가 난 상태로 난폭운전을 해본 경험이 있다고 대답했다. 도로 위 운전자들은 새벽같이 깨우는 알람 소리에 이미 예민하고 짜증이 난 상태다. 거기에 교통체증이나 교양 없는 운전자를 만나면 그것이 도화선이 되어 피가 거꾸로 솟는 기분이 들고 심지어 타인을 공격하는 행동까지 하게 된다.

전문가들은 운전자는 운전하는 과정에서 교통체증, 기상 악화, 교통사고, 비매너 운전자 등 때문에 심리적으로 여러 스트레스를 받게 되며, 이러한 요소들이 난폭운전이나 보복 운전을 유발한다고 분석했다. 하지만 기억해야 할 점은 난폭운전이든 보복운전이든 운전자의 심리에도 부정적인 영향을 주지만 안전까지 위협한다는 사실이다.

그러니 운전대를 잡기 전부터 마음이 불편하거나 화가 난 상태라면 최대한 운전대를 잡지 않고 감정을 조절하는 것이 좋다. 평소에는 운동이나 조깅 등 몸을 움직이는 방법으로 마음속 스트레스나 분노를 해소하고, 정신과 육체가 오랜 시간 긴장과 피로 상태에 놓이지 않도록 관리해야 한다.

보복 운전 경험이 있다는 남성 A는 부끄럽지만, 그날의 일을 털어놓았다. 사건은 좁은 갈림길에서 시작됐다. 그가 초행길에서 방향이 익숙하지 않아 유턴 신호를 놓치자 뒤따라오던 택시가 그 좁은 길에서 신경질적으로 새치기를 하는 바람에 하마터면 충돌 사고가 날 뻔했다.

화가 난 남성은 운전석 창문을 내려 위험 운전을 하는 상대에게 얌전히 주의를 주었지만, 상대 측에서는 오히려 험한 말로 받아치더니 앞에서 의도적으로 차선을 빈번하게 변경하며 그를 도발했다. 결국 큰길이 나오자 그는 무리하게 앞지르기를 해서 택시를 강제로 세운 다음 차에서 내렸다. 그러고는 승객이 보는 앞에서 택시 운전사를 끌어내려 주먹을 휘두르고 기어코 그에게 '잘못했다'는 용서를 받아냈다.

또 다른 남성 B도 보복 운전을 해본 경험이 있다. 그는 너무 화가 난 탓에 택시의 범퍼를 들이박았다고 했다. 사건 경위는 이러했다. 그날은 가족들과 여행을 떠나는 날이었다. 먼저 시내로 가서 다른 가족을 태워 가기로 했던 그는 여유롭게 차를 몰았다.

뒤따라오던 택시가 그의 차량을 추월하고자 했으나 마침 신호등이 빨간불을 가리켜 비켜주지 않았다. 그런데 후방 거울로 보니 택시 운전자의 입에서 거친 욕들이 쏟아지고 있었다. 그 모습을 보고 순간 화가 치밀어 오른 그는 후진으로 뒤 차량의 범퍼를 들이박았다. 결국 그는 수리비를 배상해야 했으며 가족들과 여행도 가지 못했다.

'보복 운전'이나 '난폭운전'은 감정을 통제하지 못해 나타나는 증상이다. 평소에 쉽게 화를 내고 성격이 급하고 타인에 대한 요구 기준이 높은 사람일수록 위협 운전을 할 가능성이 크다. 그러나 감정의 운전대는 우리가 스스로 잡아서 조절해야 한다. 이는 개인의 기본적인 능력과 교양에 해당한다. 자신의 감정을 제대로 처리하지 못하고 아무 때나 발산하면 여러 문제를 일으킬 수밖에 없다.

자신의 감정을 잘 통제할 수 있느냐 없느냐는 매우 중요하다. 특히 운전할 때는 마음가짐을 느긋하게 하고 화가 나더라도 평정심을 유지하면서 긍정적인 생각을 가지자. 껌을 씹는 행동 등으로 최대한 부정 정서를 좋은 방향으로 발산하는 방법도 있다. 차 내부에 가족사진을 걸어두는 것도 좋다. 교통체증으로 짜증이 날 때, 화가 날 때 한 번씩 들여다보면 그래도 난 여전히 행복한 사람이며, 사소한 일 때문에 보복 운전을 해서는 안 된다고 생각하는 데 많은 도움이 될 것이다.

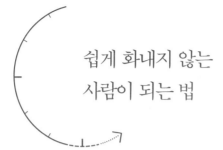

쉽게 화내지 않는
사람이 되는 법

성격 급한 사람들이 쉽게 자극을 받거나 화를 낸다는 사실에는 의심의 여지가 없다. 이것은 그들의 치명적인 약점이자 후회를 몰고 오는 원인 중 하나다. 의도는 그게 아니었다고 해도 화가 잔뜩 난 상황에서는 이성적으로 생각하기가 힘들다.

한때 축구의 왕이라고 불렸던 지단 역시 이런 '덫'에서 자유롭지 못했다.

2006년 독일 월드컵 결승전에서 프랑스와 이탈리아가 만났다. 지단은 결정적인 페널티킥으로 프랑스 팀을 우승을 향해 이끌고 있었다. 경기가 시작된 지 109분 정도 되었을 때, 이탈리아 수비 진영 미드필드 오른쪽에서 마레라치가 지단을 뒤에서 껴안듯이 유니폼을 잡아끌었고, 이에 화가 난 지단이 마레라치에게 뭔가 말로 항의했다. 두 선수는 나란히 걸어가며 몇 마디 말을 더 주고받다가 지단이 마레라치를 지나쳐 앞서갔다.

그런데 지단이 갑자기 돌아서더니 마레라치의 가슴에 자신의 머리를 들이받았다. 마레라치는 풀썩 뒤로 나자빠졌다. 주심은 이 장면을 직접 보지 못했지만, 대기심이 지단의 행동을 본 다음 주심에게 얘기하자 지체 없이 레드카드를 꺼내 들었다. 지단이 빠진 뒤 분위기가 바뀐 경기는 승부차기까지 갔지만 캡틴을 잃은 프랑스는 결국 이탈리아에 3:5로 패배했고 '아주리 군단(이탈리아 축구 국가대표팀의 별칭)'은 사상 네 번째 월드컵 우승컵을 들어 올렸다.

나중에 프랑스 방송국의 한 인터뷰에서 지단은 자신의 행동에 대해 이렇게 말했다.

"경기장으로 다시 들어서던 순간 마레라치가 제 뒤에서 참기 힘든 말로 저의 어머니와 누나를 심하게 모욕했습니다. 처음에는 듣지 않으려고 했지만, 그는 멈추지 않았고 결국 저는 통제력을 잃었습니다."

상대를 일부러 자극하고 약 올리는 방법은 상대의 화를 돋울 때 가장 많이 사용된다. 타인의 자존심과 허영심 등을 교묘한 말로 공격함으로써 그를 자극해 자신이 원하는 목적을 달성하는 것이다. 이게 가능한 이유는 쉽게 화를 내는 사람은 다른 이들의 눈에 약자로 비치기 때문이다.

주윤발 주연의 영화 〈양자탄비〉에서는 극 중 지역 맹주인 황사랑이 마을 현장의 아들을 없애기 위해 호석이라는 자를 시켜 그가 밥값을 내지 않고 달아났다는 거짓 소문을 퍼뜨리도록 지시한다. 결국 현장의 아들은 그 계략에 빠져 어떻게든 자신의 누명을 벗기 위해 아주 극단적인 방법을 선택한다. 바로 자신의 배를 가르는 것이다.

이처럼 쉽게 자극을 받고 화를 내는 사람은 어떤 일을 할 때 앞뒤를 잘 생각하지 않는다는 매우 치명적인 성격적 약점을 지녔다. 사람들은 이렇게 어리석고 감정적인 사람과 가까이하기 싫어한다. 혹시나 본인이 뭔가를 잘못하거나 실수를 저질러 그 사람을 화나게 하진 않을까 걱정되기 때문이다.

쉽게 욱하는 사람은 어디서든 환영받지 못한다. 그러니 원만한 대인 관계를 유지하고 싶다면 아무리 화가 나는 상황이라도 침착하게 이성을 되찾아 상대가 당신을 자극하는 행동이나 말에 의연하게 대처하도록 하자. 그런 사람이 대인 관계 속에서 진정한 강자가 될 수 있다.

사람의 기질은 성격으로 드러나고, 성격은 도덕성으로 연결된다. 기질과 성격은 어느 정도 꾸며낼 수 있지만, 도덕성은 가식적으로 꾸며내기 힘들다. 도덕성은 조금씩, 천천히 수련하고 훈련해서 쌓이기 때문이다.

성질이 불같은 사람들은 아무리 화가 나는 상황이라도 먼저 마음을 가다듬고 자신을 통제하는 법을 배워야 한다. 자제력 역시 관계에서 성공을 얻는 비결이다. 자제력은 누구나 다 지녔지만 그렇다고 모든 사람의 자제력이 강한 건 아니다. 하지만 걱정하지 마라. 자제력은 부단한 노력과 훈련을 통해 기를 수 있다.

아편 단속의 선구자였던 청나라 정치가 임칙서는 두 번에 걸쳐 아편 밀수 관리·감독을 역임하는 동안 자신의 불같은 성격을 고쳐보고자 자기 관저에 '화를 절제하라'라는 문구를 써서 붙여놓았다. 그는 화가 날 때마다 그 문구를 보며 마음을 다스렸다. 그렇게 정신을 가다듬고 내면에 귀를 기울이면서 같은 일도 서너 번 더 생각한 뒤에 행동했다.

인생은 짧고 지난하다. 화를 내면서 살기엔 시간이 너무 아깝다.

오히려 당신을 화나게 하는 것들도 모두 인생의 일부라고 생각하면 조금 더 이성적이고 편안한 마음으로 대할 수 있다. 우리를 화나게 하는 그 사건이나 사람들을 선택적으로 무시해도 된다. 자제력을 지닌 사람은 세상을 바꾸진 못해도 그 세상을 바라보는 자신의 시선과 태도는 바꿀 수 있다.

어떤 상황이든 쉽게 화를 내거나 분노하지 않길 바란다. 물이 흐르듯 화를 흘려보내면 당신을 화나게 만든 그 사람도 자연스럽게 흘려보낼 수 있다. 그래야 치열한 일상의 전쟁 속에서 승리를 거머쥐며, 상대 역시 그런 당신을 보며 승산이 없을 거라는 생각에 홀연히 자리를 떠난다. 이런 승리를 한 번이라도 경험했다면 그다음부터는 쉽게 화내는 일도 조금씩 줄어들 것이다.

"인내 없는 열정은 광기에 불과하다."

철학자 토마스 홉스 Thomas Hobbes

제3장

일을 서두르다가
실수하는 사람들

바쁜 사람일수록
일을 더 잘할까

어떤 일을 시작하기 전에 너무 바쁜 나머지 정신을 못 차리는 사람들이 있다. 특히 휴가 전에 남은 일을 어떻게든 다 처리해야겠다고 생각하면 마음이 조급해져 스스로를 괴롭히게 된다. 그런다고 해서 달라지는 건 아무것도 없다. 일을 다 끝내지 못할까 봐 전전긍긍하다 보면 오히려 그 어느 하나도 완벽하게 마무리할 수 없다.

　이런 사람들을 '속 빈 강정'이라고 한다. 업무 능력은 분주함만으로 판가름할 수 없다. 바쁘게 일만 하는 직장인은 심신이 피로하고 집중력도 쉽게 떨어져 업무 효율이 현저히 낮아진다. 게으르고 나

태한 습관까지 생길 수 있다. 이에 푸단대학의 예아츠葉阿次 경영학 박사는 "탁월한 업무 처리 방식은 업무 효율을 올려준다. 그러나 개인의 업무 능력을 키우는 가장 좋은 방법은 열심히, 성실히 일하는 것뿐이다"라고 말했다.

깊은 산골짜기 속에 있는 절에 두 명의 승려가 살았다. 부지런한 그들은 행걸은 물론 음식 재료 준비, 시주 등 모든 일에 최선을 다했다. 그러다 보니 몸과 마음은 점점 지쳐갔고 결국 연로한 스님에게 고민을 털어놓았다.

"사부님, 왜 이렇게 피곤한 걸까요?"

스님은 가만히 무언가를 생각하더니 그들에게 행걸할 때 쓰는 바리때에 호두를 담아오라고 말했다. 승려들은 무슨 영문인지 알 수 없었지만 아무 말도 하지 않고 스님이 시키는 대로 바리때 안에 호두를 가득 담아왔다. 이어서 스님은 그들에게 그 안에 쌀을 담도록 시켰다. 이번에도 그들은 아무 말 없이 쌀을 더 이상 담을 수 없을 때까지 가득 쏟아부었다. 그런데 스님은 또 그 안에 물을 붓게 했다. 승려들은 표주박에 물을 담아와 바리때에 부었다.

"이제 가득 찼느냐?"

승려들은 스님이 혹시나 또 뭘 채우라고 할지 몰라 자신 있게 대답하지 못하고 우물쭈물했다.

"자, 가서 소금을 한 숟갈씩 떠 오너라."

그들은 소금을 한 숟갈씩 떠 와서 바리때에 넣었다. 물은 흘러넘치지 않았다.

"무엇을 말하고자 하는지 알겠느냐?"

웃으며 묻는 스님의 질문에 그들은 아무런 대답을 하지 못했다. 그런데 돌연 스님이 바리때를 엎으며 말했다.

"이번에는 반대로 넣어보도록 하자."

그러더니 조금 전과는 반대로 소금을 가장 먼저 넣고 물을 가득 부었다. 그런 다음 쌀을 넣자 물이 넘쳐흐르기 시작했다. 쌀을 가득 쏟아부은 스님이 물었다.

"이 안에 호두를 넣을 수 있겠느냐?"

조용히 고개를 젓는 승려들을 향해 스님이 다정하게 말했다.

"우리의 인생도 이 바리때와 같으니라. 바리때 안에 쌀처럼 사소하고 하찮은 일들만 채우다 보면 호두와 같은 크고 중요한 일은 들어갈 자리가 없는 법이다."

자신의 인생에서 '호두'와 같은 큰일이 무엇인지 정확하게 아는 사람의 삶은 생각보다 훨씬 단순하다. 다시 말해 우리의 인생 그릇 안에는 '호두'를 우선순위로 두고 담는 것이 좋다. 그렇지 않고 '쌀'이나 '참깨', '물'과 같은 사소한 일들에만 집중하면 정작 중요한 '호두'는 들어갈 자리가 없다.

일할 때도 질서 있는 업무 체계가 필요하다. 일에 집중하다 보면 잔뜩 긴장감이 오른다. 그런 업무 환경 속에서는 실제로 일에 집중하기가 어렵다. 오히려 대충하거나 자꾸만 잊어버리고 어수선한 모습을 보인다. 그래서 체계가 없으면 업무 효율에 직격타를 입게 된다. 질서 있는 업무 체계라고 해서 거창한 게 아니다. 사무실 책상 정리나 업무 일정 짜기처럼 기본적인 것들도 포함된다. 중요한 건 이것들을 '하나씩 질서 있게' 정리하면서 가야지 전체적인 업무 효율을 높일 수 있다는 점이다.

한편 일을 할 때는 하나의 업무에만 집중해야지 동시에 여러 일을 한 번에 처리하는 것은 좋지 않다. 어쩔 수 없는 상황 때문에 여러 일을 동시에 처리해야 할 때도 있지만 대부분 그것은 본인의 업무 스타일과 연관이 깊다. 소위 '멀티플레이어'는 일을 정말 잘하는 사람처럼 보이지만 자꾸만 업무 내용이 바뀌기 때문에 전체적인 집중력이나 창의력 향상에 영향을 줄 수 있다.

한 번에 하나의 일에 집중하는 자세는 매우 중요하다. 여러 일을 한꺼번에 처리하려면 자신도 모르게 엄청난 에너지를 쏟아붓기 때문에 일의 효율이 떨어질 수밖에 없다. 이를 해결하려면 우선순위를 나열한 뒤 비슷한 업무별로 카테고리를 나누고, 한 업무를 완전히 잘 마무리한 다음에 그다음 업무를 시작하는 것이 좋다.

어느 금요일 오후, P는 상사에게 USB 하나를 건네받았다. 상사는 아주 중요하고 급한 보고서이니 야근을 해서라도 빨리 끝내라는 지시를 내렸다. 그는 곧바로 그날 저녁 친구들과 놀러 가기로 했던 약속을 취소하고 컴퓨터 앞에 앉아 일을 시작했다.

토요일까지 밤샘 작업을 한 끝에 상사의 집까지 찾아가 자료를 건넸지만, 상사는 불만족스러운 듯한 표정으로 수정을 지시했다. 그는 기분이 나빴지만 별다른 불평이나 대꾸 없이 다시 사무실로 돌아가 일을 시작했다.

그런데 열심히 수정 작업을 거친 끝에 보고서를 다시 제출했지만, 또다시 거절당했다. 왜 그랬을까? P는 상사가 원하는 게 무엇인지 알지 못했다. 상사에게 필요한 것이 무엇인지, 어떤 보고서를 만들고 싶은 건지 묻지 않았기에 그는 허투루 일하고 있는 것이었다.

보고서를 쓰기 전에 상사에게 원하는 결과물이 어떤 것인지 물어보고 초안을 작성한 뒤 먼저 검토를 부탁했다면 그렇게 많은 시간과 에너지를 소모할 일은 없었을 것이다.

결과적으로 목적을 이루지 못하면 그 과정과 객관적인 원인은 모두 변명으로 전락한다. 검은 고양이든 흰 고양이든 쥐만 잘 잡으면 된다는 '흑묘백묘론'이 사람들에게 큰 지지를 얻은 이유이기도 하다. 주어진 임무를 제대로 끝내지 못한 것에 대해 아무리 그럴싸한 이유를 찾아낸다고 해도 과정보다 결과를 주목하는 사람들을 납득시키기는 어렵다. 우리는 그저 그 과정에서 자신이 저지른 실수가 무엇이었는지 돌아보고 다시는 똑같은 실수를 저지르지 않을 효과적인 방법을 찾아내야 한다.

명심하라. 무슨 일이든 조급한 마음으로 서두르지 말자. 빨리 끝내는 것보다 천천히, 하나씩 분명하게 이해한 다음 완성도 있게 처리하는 것이 더 중요하다.

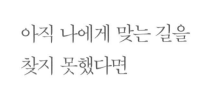

아직 나에게 맞는 길을
찾지 못했다면

재능이란 무엇일까? 어릴 때부터 타고난 천성도 일종의 재능이다. 이른바 '신동'이라 불리는 천재들의 천성은 일찍부터 드러나는 편이지만 평범한 사람들의 천성은 가려져 있다가 특정한 기회를 만났을 때 발현된다.

자신의 재능을 잘 발견해서 갈고닦는 사람은 성공을 거둘 수 있지만 재능이 아닌 약점이나 단점을 드러내며 일하는 사람은 엄청난 손해를 본다. 때로 당신의 약점이 다른 사람에겐 기회가 될 수도 있다. 반면에 나의 장점을 바탕으로 다른 이의 약점을 잘 이용하면 승리를 거두기도 한다. 이는 오래전부터 전해 내려오던 일종의 '전술'이다. 미국 힐튼호텔의 창시자 콘래드 힐튼은 사람들에게 이런 이야기를 자주 들려주었다.

"늘 가난에 몸부림치던 한 그리스 청년이 아테네의 한 은행 청원경찰 자리에 면접을 보러 갔습니다. 하지만 자신의 이름 외에 아무것도 쓸 줄 몰랐던 그는 당연히 면접에서 떨어졌죠. 실망에 휩싸인 그는 여기저기서 돈을 빌려 미국으로 떠났어요.

그리고 수년 후, 그는 그리스의 기업가 자격으로 월가의 한 호화로운 사무실에서 기자회견을 열었습니다. 그 자리에서 한 기자가 그에게 회고록 출간을 제의하자 그는 이렇게 대답했다고 합니다. '그건 어렵겠습니다. 제가 글을 쓸 줄 모르거든요.' 그는 놀란 기자들을 향해 말을 이어갔습니다.

'세상만사는 공평합니다. 얻는 게 있으면 잃는 게 있는 거죠. 만일 제가 글을 쓸 줄 알았다면 저는 지금쯤 은행 청원경찰 일을 하고 있었을 겁니다.' 인생의 성공과 실패는 바로 자신의 장점을 얼마큼 잘 경영하는가에 달려 있습니다. 최적의 위치에서 자신의 재능과 장점을 발휘해야 비로소 행운의 여신이 찾아오게 되죠.

사방이 벽으로 둘러싸였다고 해도 절대 실망하거나 낙심하지 마십

시오. 그건 당신이 모자라거나 부족해서가 아니라 당신의 재능을 발휘할 곳을 아직 찾지 못한 것뿐입니다. 그 탐색 과정을 포기해버린다면 성공에 대한 희망도 같이 포기해버리는 것과 같습니다.

사람들은 다른 이의 성공을 보며 그것을 모방하고 흉내 내지만 번번이 실패로 끝납니다. 그러면서 자신의 인생이 매우 비참하고 쓸모없다고 착각합니다만, 사실 그들은 자신에게 가장 잘 어울리는 길을 아직 찾지 못한 것뿐입니다."

"영국의 존 메이저 수상은 20세기 들어 47세라는 가장 젊은 나이에 수상이 되어 세간의 주목을 받았습니다. 하지만 어린 시절 그는 아무에게도 주목받지 못하는 평범한, 어쩌면 불행하기까지 한 삶을 살았죠. 16세에 그는 성적이 형편없다는 이유로 학교에서 퇴학을 당했고 일하던 버스 매표소에서는 암산 실수 때문에 잘리고 말았으니까요.

사람들은 생각했어요. '매표소 일도 제대로 하지 못하는 사람이 어떻게 수상이 된 거지?' 이런 의심들에 맞서 메이저 수상은 한 담화에서 이렇게 말했어요. '수상은 매표원이 아닙니다. 그러니 암산이 필요 없죠.' 직업적으로 성공했느냐 아니냐는 학력의 높고 낮음과는 상관없습니다. 그보다는 자신의 장점을 얼마나 더 발휘하고 단점을 보완하는지가 관건이죠."

모든 사람에겐 저마다 장점과 매력이 있다. 그 장점을 잘 갈고닦아 발휘한다면 자신의 가치를 높이는 데 많은 도움이 된다. 반대로 본인의 단점을 잘 보완하지 못한다면 아무리 장점을 잘 운용한다고 해도 소용없으며 오히려 이미지에 타격을 준다.

자기에게 꼭 맞는 길을 한 번에 찾지 못해도 조급해하지 말고 낙담하지 마라. 그보다 당신의 장점이 무엇인지, 당신의 관심사가 무엇인지부터 찾아보도록 하자. 보통 관심이 있는 곳에 당신의 장점과 특기가 있기 마련이다. 기억하라. 세상은 모든 문을 매정하게 꼭 걸어 잠그지 않는다. 당신을 위해 '이 문이 닫히면 다른 문을 열어줄' 것이다. 그러니 당신이 포기하지 않고 노력하기만 하면 더 많은 기회가 반드시 눈앞에 펼쳐질 것이다.

프랑스의 영웅 나폴레옹, 영국의 유명 세균학자 플레밍, 명나라의 초대 황제 주원장 등 역사적으로 세계에 이름을 알린 위인들 역시 자신의 장점을 최대한으로 발휘하면서 다른 사람이 눈치 채지 못할 만큼 단점을 숨기거나 보완했다. 생각해보라. 나폴레옹처럼 유럽 대륙에서 종횡무진으로 활약했던 자의 신장이 162cm밖에 되지 않을 거라고 상상하는 사람이 얼마나 되겠는가? 플레밍이 무수한 실험 끝에 푸른곰팡이를 배양해 페니실린이라는 항생물질을 발견해낼 당시, 그의 신분이 아직 농민이었다면 믿을 수 있겠는가? 각지에서 활약하던 반란군을 모두 물리치고 명나라를 세운 주원장이 거지 출신이었다는 걸 감히 누가 상상이나 했겠는가?

길고 긴 인생의 망망대해를 헤엄쳐가는 과정에서 우리에게 필요한 건 자신의 장점을 잘 발견하여 그것을 지혜롭게 경영해나가는 것이다. 그런 자에게는 반드시 승리의 결과가 찾아온다.

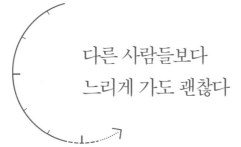

다른 사람들보다
느리게 가도 괜찮다

'나만의 페이스'란 무엇일까? 다른 사람들의 시선을 신경 쓰지 않고 자신의 마음 상태와 생활 패턴에 따라 하고 싶은 일을 하는 것을 의미한다. 빠르게 돌아가는 도시에서 우리는 모두가 하나의 템포, 하나의 음률에 맞춰 살아가기 때문에 자신만의 리듬을 자연스레 잊어버린다. 때로는 나만의 페이스를 잃는 것이 현대사회에서 살아남을 수 있는 생존법으로 여겨지기도 한다.

그러나 우리는 자신만의 템포를 찾고 그에 맞춰 생활할 필요가 있다. 그렇게 살아갈 때 완전히 다른 수확을 얻을 수 있다.

심혈관 질환과 기관지염을 앓던 희재에게 의사는 매일 적당한 운동을 하라고 권했다. 이후 그는 매일 아침 조깅을 위해 공원에 나가기로 결심했다.

공원 내에는 달릴 수 있는 운동장이 하나 있는데, 오전 8시 이전과 오후 6시 이후로 시민들에게 무료로 개방하고 있었다. 유독 아침 시간대에 인파가 몰려 희재는 평소 알고 지내던 사람들을 많이 만나곤 했다. 그들은 빨리 뛰거나, 느리게 뛰거나, 느리게 걷거나, 뒤로 걷거나 각양각색으로 운동했다.

그들과 함께 달리면 게으름을 피우지 않고 지루하지 않게 시간을 보낼 수도 있었지만, 희재는 혼자서 운동하는 법을 택했다. 자신은 심혈관 질환을 앓고 있어 너무 빠르게 달리면 몸이 받아주지 못하고, 너무 느려도 운동 효과가 없을 테니 자기만의 속도로 운동을 해야 비로소 운동 효과가 있을 거라고 생각했다.

삶 곳곳에 도사리고 있는 시련과 아픔은 우리의 마음과 생각을 어지럽힌다. 이때 누군가는 글을 써서 다른 이에게 도움을 주고 싶어 한다. 반면 글로 세상에 이름을 알리는 건 너무 어렵고 느린 과정이라는 생각에 투자나 주식으로 성공을 꾀차려는 사람들도 있다. 당신은 어떤 길을 택하겠는가?

글쓰기도 좋고 주식이나 투자도 좋다. 중요한 건 맹목적으로 속도만 쫓아가는 것은 현실을 고려하지 않은 어리석은 처사라는 점이다. 육체가 영혼보다 앞서가면 결국 성공을 향해 걸어가는 길목에서 걸림돌로 작용한다. 자신만의 페이스대로 뛴다는 건 다른 이들과는 다르게 뛰어간다는 말이다. 그 과정에서 사람들의 의심과 비웃음, 심지어 질타와 욕설을 듣게 될지도 모른다. 그러나 초심만 잘 지킨다면 당신의 인생은 결국 누구보다 환하게 빛날 것이다.

책 읽기와 글쓰기를 좋아하는 한 대학생이 있었다. 그녀는 밤낮을 가리지 않고 시간만 나면 도서관에 가거나 기숙사에서 책을 읽었다. 그러다 보니 자연스레 기숙사 룸메이트와 대화할 시간이 줄었다. 룸메이트는 쇼핑을 좋아했고 그녀는 독서를 좋아했다. 룸메이트는 활발하고 말이 많은 편이었지만 그녀는 조용하고 책 읽는 것을 좋아했다. 룸메이트는 늦은 밤 밖에 나가 야식을 즐겨 먹었지만 그럴 때도 그녀는 기숙사에서 책을 읽었다.

룸메이트는 점점 그녀에게 불만이 쌓였다. 그녀가 없는 자리에서 그녀가 밤만 되면 이불 속에 숨어서 나오지도 않고 무슨 짓을 하는지 모르겠다고 뒷담화도 하고 다녔다. 단지 아무런 방해 없이 책을 읽고 싶어서 그랬을 뿐인데 말이다. 그러던 어느 날, 불만이 쌓일 대로 쌓인 룸메이트는 결국 그녀에게 '너 같은 애는 절대 작가가 될 수 없다'며 비난을 퍼부었고 심지어 그녀를 방에서 쫓아내기까지 했다.

그냥 내가 좋아하는 일을 했을 뿐인데, 나의 생활 패턴에 따라 살았을 뿐인데 무의식중에 다른 사람에게 상처를 주고 자신도 상처를 받았다는 사실에 그녀는 당황스러웠다. 울고 싶은 마음이 가득했지만 어떻게 해야 할지 몰라 우왕좌왕했다. 문득 아버지가 생각나 전화를 걸어 그동안 있었던 일을 모두 이야기했다. 그러고는 아버지의 조언대로 주임 교수에게 연락해 기숙사 방을 바꿔달라고 부탁했다.

새로운 룸메이트는 그녀에게 매우 친절했다. 그녀가 책 읽는 걸 적극적으로 지지해주었고 그녀의 재능을 칭찬하며 '언젠가 꼭 네가 쓴 책을 출간할 날이 올 것'이라 응원해주었다. 새로운 룸메이트의 칭찬과 격려에 그녀는 감동했고 힘을 얻었다. 시련을 겪었지만 그녀는 초심을 잃지 않았다. 책 읽기를 멈추지 않았고 본인이 좋아하는 글을 써서 가끔 인터넷에 올리기도 했다. 그녀는 자신만의 템포로 자신만의 경주를 해나갔다.

남들과 다른, 자신만의 속도로 경주를 하는 사람은 가끔 그 과정에서 다른 이의 질책과 비난을 받기도 한다. 사람들은 자기와는 다른 누군가를 쉽게 받아들이지 못한다. 그렇다고 다른 사람들의 속도에 맞춰 그들과 똑같이 살아가면 행복할까? 남의 질책이나 힐난에서 벗어나 안전하고 평안한 삶을 살 수 있을 것 같지만 절대 그렇지 않다. 자신이 진정으로 원하는 삶이 아니기 때문이다. 왜 당신의 인생을 다른 누군가를 위해서 살아가려 하는가? 그것이 진정으로 의미 있는 삶일까?

다른 사람이 어떻게 당신을 평가하고 생각하는지 신경 쓰지 마라. 그들과 다른 삶을 산다고 해서 두려워할 것도 없다. 자신만의 속도와 삶의 방식을 찾아 책을 읽듯 집중하고 노력하자. 다른 사람보다 빠르거나 느리다고 걱정하지 말고 외부의 목소리에 너무 신경쓸 필요도 없다. 그저 자신의 선택이 옳은 것이라 확신하고 계속 당신의 속도로 그 레이스를 완주하기 위해 노력하라. 자신을 위해 달리다 보면 언젠가 더 넓고 멋진 인생의 레이스가 펼쳐지고, 오직 당신에게만 보이는 아름다운 풍경을 감상할 수 있다.

정신없이 빠르게 돌아가는 현대사회지만 그 속에서도 가만히 앉아 꽃이 피기를 조용히 지켜보는 마음도 필요하다. '걷다가 걷다가, 물길이 끝나는 곳까지 걷다가, 그곳에 앉아 구름이 지나가는 것을 지켜보네行到水窮處, 坐看云起時.' 이 시 구절을 읊어보자. 기억하길 바란다. 당신만의 페이스로 달리다 보면 당신의 눈앞에 새로운 인생이 펼쳐질 것이다.

길가에 앉아
박수 쳐주는 사람의 인생

사람들은 '영웅'이라는 칭호를 매우 값지게 생각한다. 사람들은 자신이 영웅을 위해 박수를 보내고 환호하는 사람으로 남기보다는 '영웅'이 되길 원한다. 그런데 우리 주변에 몸을 낮추고 묵묵히 '이름 없이, 빛도 없이' 타인을 위해 헌신하는 진정한 '영웅'은 많지 않다.

누군가를 도와주고 구해주는 일도 멋지지만, 그런 사람을 위해 박수와 응원을 보내는 것도 충분히 값지고 귀한 일이다. 진정한 영웅의 삶을 사는 사람이 몇이나 될까? 보통의 평범한 삶을 산다고 의미 없는 삶일까?

중국의 유명 작가 류쉬룽劉續榮의 책《길가에 앉아 박수를 보내는 사람들》에 이런 일화가 나온다.

"영웅들이 지나갈 때 항상 길가에 앉아서 박수만 쳐주는 사람들이 있어."

"멋진데요? 엄마, 저는 영웅이 되기 싫어요. 저는 그 길가에 앉아서 박수 쳐주고 응원해주는 사람이 되고 싶어요."

어린 딸이 엄마에게 말했다. 이 글귀 밑에는 공감하는 댓글이 많이 달렸다.

"사실 아이들이 우리에게 주는 행복은 만질 수 있는, 아주 가까운 곳에 있는 것 같아요. 아이의 인성과 감성이 지능보다 훨씬 중요하다는 걸 다시 한번 깨닫네요. 책 속의 아이가 지금의 그 행복을 잘 지켰으면 좋겠어요. 행운을 빌어요!"

"정말 따듯한 마음을 가진 아이 때문에 감동했어요. 나중에 우리 아이도 물질적으로나 사회적으로는 풍요롭지 않을지라도 단순히 행복을 즐길 줄 알고, 마음이 따뜻하며, 주변을 돌아볼 줄 아는 사람이 되었으면 좋겠어요."

"이 아이는 분명 외로움을 견딜 줄 알고 성실하면서 허영을 좇지 않는 성격일 거예요. 명예나 권력의 유혹에도 흔들리지 않고 진실하고 다른 사람을 포용하는 그런 어른으로 자라날 게 분명합니다. 진정한

'나'로 살아간다는 게 가장 아름다운 인생 아니겠어요!"

"세상에 이름을 드높이는 영웅이 과연 몇이나 될까요? 대부분은 아주 평범한 일상을 살아가면서 너무 높은 이상과 꿈을 좇다가 늘 지쳐 쓰러지잖아요. 영웅을 위해 기꺼이 박수를 쳐주고 나의 본분을 정확히 알고 평안하게, 건강하게 일상을 살아가다 보면 행복은 자연스레 찾아올 겁니다!"

인생을 살다 보면 물질과 각종 명예, 권력에 마음이 가고 욕심이 생기기 마련이다. 길가에 앉아 누군가에게 박수를 보내기보다는 그 박수를 받는 사람이 되고 싶어 한다. 하지만 위 글에 나온 아이는 달랐다. 아이는 어른들이 모두 부러워하는 영웅이나 주인공이 아닌 길가에 앉아 그들을 위해 박수 쳐주는 조연이 되고 싶다고 했다.

우리 모두 매일 노력하며 살아간다. 어제의 나보다 더 나은 내가 되기 위해 노력하지만 그중 많은 사람의 목표는 '영웅'이 되는 것이다. 그들은 아름다운 꽃을 담는 '화병'이 아닌, 무대 뒤에서 공연을 위해 힘쓰는 '제작진'도 아닌, 무대 중앙에서 눈부신 조명과 쏟아지는 박수갈채를 받는 사람이야말로 진정한 '영웅'이라고 믿는다. 하지만 길가에 앉아 박수를 보내는 사람들의 인생도 충분히 멋지고 박수받을 만하다.

미연과 소정은 고등학교 시절 단짝이었지만 졸업하고 연락 없이 지내다가 몇 년 후에 우연히 다시 만나게 되었다. 그날, 미연이 길을 지나다가 소정을 먼저 발견했다. 소정은 에메랄드색의 셔츠를 입고 인파 속에서 횡단보도 신호를 기다리고 있었다. 눈썹까지 내려오는 앞머리를 한 소정은 멀리서 한눈에 봐도 근사한 모습이었다.

"참 세월 많이 지났다. 그렇지? 그동안 나도 누군가를 위해 박수 쳐주는 법을 배웠어."

미연은 오랜만에 만난 소정에게 수줍게 말했다. 고등학생 시절 미연은 항상 고고하고 자신만만한 모습이었다. 얼굴에는 늘 '승자'의 미소를 머금고 다녔다. 눈에는 항상 총기가 돌았고 걸음걸이도 당당했다. 어떤 대회에 참가해도 늘 시상대에 올라 찬란한 영광을 누렸다. 소정은 항상 미연을 진심으로 박수 쳐주고 자랑스러워했다.

고등학교 3학년 2학기 전국 모의고사 성적이 나오던 날, 담임선생님께서는 전국 상위권에 든 친구들을 하나씩 호명했다. 그런데 한참을 기다려도 미연의 이름이 호명되지 않았다.

"제일 마지막에 호명하시려고 그러나 보다."

미연은 불안한 미소를 띠며 농담을 건넸다. 하지만 끝까지 이름이 불리지 않았다. 믿기 힘든 결과였다. 상심한 미연은 교실 구석에 가서 울음을 터뜨렸다. 세상을 잃은 것 같은 눈빛과 총에 맞아 심하게 다친 사슴처럼 위태로운 모습이었다. 그날 소정은 깨달았다. 미연이 행복하지 않다는 것을.

"이제는 시간이 많이 지나서 말할 수 있을 것 같아. 나는 학창 시절 내내 전국 상위권 안에 들기 위해서 내 에너지와 기력을 모두 낭비한 것 같아. 많이 외로웠고 힘들었어. 학창 시절을 떠올리면 전혀 행복했던 기억이 없어."

덤덤하게 털어놓는 미연을 보며 그는 가슴 한편이 아려왔다. 미연은 수능시험 직후 더는 다른 사람의 관심과 인정이 필요한 '영웅'으로 살지 않겠다는 마음을 품고 집과 아주 멀리 떨어진 도시에 있는 대학에 입학했다고 했다.

다른 이를 위해 박수를 보내는 사람이라고 해서 야망과 열정이 없는 건 아니다. 자신과 주변 사람에게 벌어지는 일에 무신경한 것도 아니다. 오히려 그들은 지금처럼 진정성과 공감이 모자란 사회에 꼭 필요한 존재다.

중국 만담의 대가로 불리는 마지馬季 선생이 연출했던 연극 〈오관의 다툼五官爭功〉에서는 '코'와 '눈', '귀'와 '입'이 등장해 주인에게 본인의 공로가 더 크다고 다투는 내용이 나온다. 그 무대가 지금도 사람들에게 회자되는 이유는 그런 일이 우리 삶에 너무 빈번하게 일어나기 때문이다. 사람들은 뭘 하든지 자신의 공로가 제일 크다고 목소리를 키운다. 무슨 일이 있어도 남의 뒤에 서는 건 용납하지 못한다. 심지어 운전할 때도 '비뚤어진 질투심'으로 계속해서 앞차를 추월하려 속도를 낸다. 이런 행동은 아주 어리석고 위험한 짓이다.

사람의 욕심은 끝이 없어서 그런 마음은 한없이 커지기 마련이고 이미 정신과 육체가 망가진 후에야 잘못을 깨닫는다. 무언가를 빼앗으려는 마음은 아픔을 동반한다. 이는 자신뿐 아니라 주변 사람에게도 아픔을 남긴다. 생각을 바꿔보자. 물이 바다를 향해 흘러가듯, 주변인과 세상과 다투지 말고 조화롭게 순응해보도록 하라. 길가에 앉아 박수 쳐주는 사람의 인생도 충분히 값지고 멋지다는 걸 기억하기를 바란다.

한 번에
딱 하나씩만 하라

"하나만 할 수 없어? 지금 우리 통화 중이잖아. 왜 아무 대답이 없어? 물어보면 엉뚱한 소리나 하고. 내가 하는 말을 제대로 듣긴 하는 거야? 대체 지금 뭐 해?"

"아, 미안해. 메일을 좀 보내느라. 지금 너무 바빠서 정신이 없어."

두 가지 이상의 일을 동시에 처리하느라 눈코 뜰 새 없이 바쁠 때가 있다. 언뜻 보기에는 한 번에 여러 일을 동시에 처리하니 빨리 끝내서 더 수월할 것 같지만 그 과정에서는 자잘한 실수들이 발생한다. 그렇게 되면 하나의 일도 제대로 처리하지 못하는 셈이다. 사람들에게 괜한 오해를 살 수도 있다.

한 번에 여러 일을 해치우려는 이유는 하나다. 사람들이 아주 중요하면서도 단순한 원리, '한 번에 딱 하나씩만'이라는 원칙을 간과하기 때문이다.

기차역의 안내데스크는 언제나 사람들로 붐빈다. 발걸음을 재촉하는 사람들과 늘 시간에 쫓기는 여행객들이 데스크에 찾아와 질문을 하고 곧바로 원하는 대답을 요구한다. 아마 안내데스크 업무 경험이 있다면 승객 응대가 결코 쉬운 게 아니라는 데 모두 공감할 것이다. 그런데 여기, 가슴에 '총괄' 배지를 달고 아주 여유로우면서도 능숙하게 사람들을 대하는 젊은 남성이 하나 있다. 그의 앞에는 뚱뚱한 여성이 얼굴에서 주체할 수 없이 흘러내리는 땀을 연신 닦아내며 서 있었다. 아주 불안한 표정이었다. 그는 그녀의 고충이 무엇인지 조금이라도 더 자세히 들어보려 상반신을 앞으로 기울였다.

"안녕하세요. 어디 불편한 데라도 있으신가요?"

그때, 모자를 쓴 남자가 무언가를 물어보면서 둘의 대화에 끼어들려고 했지만 그는 남자에게 눈길 한번 주지 않고 계속해서 여자와의 대화를 이어갔다.

"혹시 춘렌역에 가시는 거예요?"

그는 달달 외워서 이미 익숙한 열차 시간표를 머릿속에 떠올리며 말했다.

"그 열차는 15분 내로 승강장 2번에 도착할 겁니다. 그러니 뛰어가실 필요 없어요. 시간 충분합니다."

여자는 고맙다는 말과 함께 재빨리 몸을 돌려서 떠났다. 이어서 조금 전 말을 걸어온 모자 쓴 남자에게 시선을 돌리려는 순간, 갑자기 방금 그 여성이 헐레벌떡 다가와 땀을 닦으며 물었다.

"방금 2번 승강장이라고 했죠?"

안내원은 이번에는 온통 모자 쓴 남자에게만 집중하며 그의 질문에 성실하게 대답해주었다. 그리고 안내가 끝나자 비로소 다시 여성과 눈을 맞추었다. 그 모습을 보고 있던 다른 안내원이 물었다.

"다짜고짜 달려와서 물어보는 저런 승객들이 수두룩한데 어쩜 그렇게 한결같이 침착함을 잘 유지하세요?"

그러자 총괄 배지를 단 그는 이렇게 대답했다.

"저는 모든 승객을 한꺼번에 상대하지 않아요. 그냥 단순하게 한 분씩만 응대할 뿐이죠. 한 분이 끝나면 그다음 분을, 그분이 끝나면 또 그다음 분을요. 한 번에 딱 한 분씩, 그분이 만족할 때까지 응대해요."

한 번에 하나씩 일을 처리하면 마음을 차분히 할 수 있고 온전히 그 일에 집중해서 마무리까지 잘 지을 수 있다. 에너지를 쏟을 곳을 선택과 집중 하는 것이다. 아무리 작은 일이라도 마찬가지다. '한 손으로는 동그라미, 한 손으로는 네모'를 그리는 방법을 사용하다 보면 결국 동그라미는 동그라미대로, 네모는 또 네모대로 이상한 모양이 되어버린다.

한 철학자는 "천재란 하나의 일을 남들이 흉내 내기 어려울 정도로 해내는 사람"이라고 말했다. 사람들은 여러 분야에 정통해 못 하는 것이 없는 '팔방미인'을 부러워하고 젊은이들은 최대한 많은 분야를 공부하려고 하지만, 그렇게 했다가는 여기저기 발만 들여 놓은 채 이도 저도 안 되는 꼴을 면하기 어렵다.

허버트 후버 전 미국 대통령은 국무회의에서 매킨리에게 이런 조언을 건넸다.

"성공하고 싶다면, 명예를 얻고 싶다면 하나에 온전히 집중하길 바랍니다. 개인적 감정이나 어떤 법안 하나 때문에 바로 발언을 해서는 안 됩니다. 그리고 이미 입법된 법안과 관련한 정책을 고민하는 것도 좋습니다만, 아직 집중적으로 연구가 더 필요한 분야는 얼마든지 많습니다. 예를 들면 관세와 관련한 것이지요. 저는 이 분야의 법을 전문적으로 연구하는 게 필요하다고 생각합니다. 이 분야는 앞으로 몇 년 안에도 해결이 되지 않을 겁니다. 그러니 오히려 더 공부할 게 많겠죠."

그 후로 매킨리는 관세에 관한 연구를 시작했고 얼마 지나지 않아 해당 분야의 권위 있는 전문가로 발돋움했다. 훗날, 매킨리관세법이 국회에서 통과됐을 때 그는 해당 분야의 정상에 오를 수 있었다.

성공하는 사람과 실패하는 사람의 가장 큰 차이는 자신의 분야에서 '얼마나 많이' 일했는지가 아니라, 그 분야와 본인 인생의 목표에 '얼마나 집중'했는지, 그리고 그 목표를 달성하기 위해 얼마큼의 가치를 발굴하고 쏟아부었는지에 달려 있다. 투자할 만한 가치가 있는 곳에 자신의 정력과 마음을 집중하는 사람은 반드시 성공을 거둘 수 있다.

중요한 일을
빨리 처리해야 할 때

살다 보면 중요한 일이 있는 반면에 그렇지 않은 일도 있다. 하루가 끝날 무렵에도 비교적 중요한 일을 마무리 짓지 못하는 이유는 중요하지 않은 사소한 일에 얽매여서 버둥거렸기 때문이다. 왜 우리는 중요한 일과 그렇지 않은 일이 무엇인지 분명하게 알면서도 자꾸만 사소하고 중요하지 않은 일에 매달리는 것일까?

프랑스의 소설가 모파상은 어릴 때부터 두뇌가 명석하고 출중한 아이였다. 하루는 그가 외삼촌을 따라 외삼촌의 절친한 친구였던 유명 작가 귀스타브 플로베르를 찾아갔다. 외삼촌은 플로베르에게 모파상의 문학 스승님이 되어주기를 부탁했다. 그런데 그 자리에서 모파상은 플로베르에게 아주 거만한 표정으로 "뭘 해줄 수 있냐"고 물었고 그런 그에게 플로베르는 "뭘 할 수 있냐"고 반문했다. 그러자 모파상은 득의양양하게 대답했다.

"아저씨가 할 수 있는 거라면 저도 할 수 있어요."

"좋아. 그럼 매일 뭘 공부하는지 한번 얘기해보겠니?"

"오전에는 2시간 동안 책을 읽고 글을 쓴 다음 2시간 동안 피아노를 칩니다. 오후에는 2시간 정도 이웃집에 가서 자동차 수리하는 법을 배우고요. 3시간 정도 축구를 해요. 저녁에는 식당에 가서 거위고기 만드는 법을 배우고 주말에는 시골에 가서 농장을 가꿉니다."

모파상은 그렇게 말하고 아주 자신 있는 표정으로 물었다.

"그럼 아저씨는 매일 무슨 일을 하시는데요?"

그러자 플로베르가 웃으며 대답했다.

"나는 오전에 4시간 정도 책을 읽고 글을 쓴 다음 오후에 4시간 정도 책을 읽고 글을 쓴단다. 저녁에는 4시간 정도 책을 읽고 글을 쓰지."

"설마 다른 건 아무것도 안 해요?"

이해할 수 없다는 표정으로 묻는 모파상에게 플로베르는 대답 대신 질문을 던졌다.

"너는 뭘 제일 잘하니? 네가 제일 자신 있고 남보다 잘하는 게 뭐라고 생각하니?"

그 질문에 모파상은 처음으로 말문이 막혔다.

"그럼 아저씨 특기는 뭔데요?"

플로베르는 한 치의 망설임도 없이 대답했다.

"글 쓰는 일이지."

모파상은 그날 이후로 플로베르를 스승으로 모시며 온 마음을 다해 글 쓰는 법을 배웠고 이후에 풍성한 성과를 거두며 세계적인 문학가로 성장했다. 특기란 바로 온 마음을 다하는 것이었다.

어떠한 방해 없이 하나의 일에 몰두하고 싶다면 집중력을 잘 통제해야 한다. 어떤 일에 종사하든 자신만의 목표를 세우고 그 목표에 집중하는 것은 굉장히 중요하다. 그래야만 냉정함과 침착함을 유지할 수 있으며 이럴 때 비로소 사소한 일들에 얽매여 쓸데없이 분주해지는 것을 막을 수 있다.

한 연구에 따르면 모든 사람의 하루 업무량은 90분이면 거뜬히 끝낼 수 있다고 밝혀졌다. 단, 조건이 하나 있다. 90분 동안 절대 그어떤 방해나 간섭을 받지 않고 온전히 집중하는 것이다. 90분 전에는 먼저 주제를 하나 정해야 한다. 현재 진행 중인 프로젝트도 좋고 더 넓은 범위의 일이어도 좋다. 90분 안에 당신이 정한 그 일을 반드시 끝내겠다는 목표를 세워보자. 90분이 끝나면 당신도 종착역에 도착하는 것이다. 그렇게 생각하면 시작할 때부터 그 주제에 더 몰입할 수 있다. 설령 실패한다고 해도 상관없다. 연습을 통해 당신의 집중력이 훨씬 향상될 것이다.

일을 시작할 때는 먼저 단계를 나열한 다음 이어서 처리해야 할 일, 그것과 관련된 상세한 계획을 세우도록 하자. 이때 '아무런' 간섭이나 방해가 없는 환경을 조성하는 것이 무엇보다 중요하다. 당신을 찾아오는 사람들에게 앞으로 90분 동안은 시간을 내기 어렵다고 직접 말하는 것도 좋다. 어떤 방법으로든 자신의 공간 안에 그 누구의 간섭이나 영향이 없도록 만들어야 한다.

뉴턴은 타고난 천재가 아니었다. 다만 배움에 열심이었다. 무언가를 공부하고 연구할 때는 거기에 빠져서 헤어 나오지 못할 정도였다. 그는 한번 연구를 시작하면 몇 주 동안 실험실에 틀어박혀 실험을 완성할 때까지 밖에 나오지 않았다. 한번은 실험에 너무 몰두한 나머지 손목시계를 달걀로 착각하고 끓는 물에 넣은 적도 있었다.

또 한번은 그를 보기 위해 친구가 밥을 사서 놀러 왔었다. 그런데 그는 친구에게 인사만 건네고 다시 실험실로 들어가버렸다. 밥을 식탁에 놓고 한참을 기다리던 친구는 결국 기다림에 지쳐 혼자 밥을 먹고는 아무 말 없이 실험실을 떠났다. 잠시 후, 실험을 끝내고 밖으로 나온 뉴턴은 식탁 위에 놓인 빈 접시를 보고 멋쩍은 웃음을 지으며 혼잣말을 했다. "난 또 내가 밥을 안 먹은 줄 알았네. 이미 먹었구나." 그러고는 다시 실험실로 들어갔다.

때로는 시간에 쫓겨 빨리 일을 마쳐야 할 때가 있다. 그럴 때 오히려 행동이 느려지거나 속도를 내지 못한다면 바로 정신을 차려야 한다. 90분의 법칙에 따라 우리는 높은 강도의 템포를 유지해야 한다. 걱정하지 마라. 90분이 지나면 충분히 쉴 수 있다. 물론 속도를 올려 일하는 능력은 반복 훈련을 통해 길러진다.

무엇보다 한눈팔지 않도록 주의하라. '고효율의 업무 시간' 모드가 작동하는 동안에는 일에만 몰두할 뿐, 다른 일에는 신경 쓰지 말자. 또 하나, 휴대폰 전원을 끄도록 하라. 아예 전원을 끄는 게 오히려 더 신경 쓰인다면 데이터만 잠시 꺼두는 것도 방법이다. 90분 동안 메일함을 굳이 열어보지 말고 '커피 한잔 마시고' 같은 변명거리도 찾지 않도록 한다.

할 일이
산더미처럼 쌓였을 때

미국의 유명 경영학자 브라이언 트레이시는 'ABCDE 이론'을 바탕
으로 한 업무 리스트 작성법을 고안했다. 하루에 해야 할 일을 전부
정리한 다음 알파벳 순서대로 순위를 각각 매기는 방법이다. A는 무
조건 해야 할 일, B는 먼저 해야 할 일, C는 해야 하지만 별로 중요
하지 않은 일, D는 다른 사람에게 맡겨도 되는 일, E는 해도 되고 안
해도 되는 일이다.

이렇게 업무 리스트를 작성하고 나면 우선순위에 따라 일을 처리
할 수 있고 시간이나 에너지 등 외부 요소를 고려하여 중요하지 않

은 일들을 포기할 것인지, 아니면 새로 시작할 것인지 정할 수 있다. 그렇게 하면 일정에 맞춰 중요한 업무를 끝낼 수 있다.

동기들과 비교하면 승현은 운이 좋은 편이었다. 출중한 외모와 현지 출신이라는 배경 덕에 졸업과 동시에 대기업에 한 번에 입사했다. 총무팀으로 들어간 승현의 일은 사실 특별한 기술이 필요하거나 난이도가 높은 편은 아니었지만 업무량이 많았다. 대학 시절, 과에서 늘 1, 2등을 놓치지 않았던 그는 성적장학금을 여러 차례 받은 우등생이었다. 하지만 직장에서는 그렇지 않았다. 매일 숫자투성이의 엑셀 파일과 회의 기록, PPT 자료를 보다 보면 머리가 어지럽고 눈이 아팠다. 스트레스에 시달리다 보니 종일 인상을 쓰게 되었고 원망도 잦아졌다. 승현은 모두가 부러워하는 이 '안정적인' 직장을 그만두고 싶은 마음이 굴뚝같았다.

어느 날, 회사 야유회를 갔다가 자신보다 3년 먼저 입사한 박 팀장을 알게 되었다. 박 팀장은 현재 회사 입찰 프로젝트를 맡고 있었다. 승현은 박 팀장에게 자신의 고민을 털어놓았다. 그러자 박 팀장은 밝게 웃으면서 3년 전의 자신도 똑같은 모습이었고 심지어 매일 저녁 9시까지 야근을 했지만 일을 마무리 짓지 못해 늘 아등바등했다고 말했다.

"쉬는 날이 뭐야. 남자친구 만날 시간도 없었는걸. 그땐 내 삶도 일도 모두 엉망이었어."

하지만 지금의 박 팀장은 오후 2시가 되면 그 날의 할 일을 끝마치고 가벼운 마음으로 음악을 듣거나 게임을 하면서 퇴근 시간을 기다린다고 했다. 여유가 있다 보니 낙찰 받은 프로젝트가 많아서 작년엔 회사 내 모든 팀장 가운데 성과급을 가장 많이 받은 사람이 되기도 했다. 박 팀장은 이 모든 것의 변화는 매일 아침 그 날의 업무 리스트를 작성하는 아주 작은 습관에서 시작되었다고 말했다.

승현은 반신반의하면서 박 팀장이 알려준 방법대로 매일 아침 출근하자마자 먼저 그 날 해야 할 일을 업무의 경중에 따라 정리했고 업무별 완성 시각도 설정했다. 한 달 후, 승현의 업무는 이전보다 훨씬 질서 있게 진행되었고 업무의 질도 높아졌다. PPT나 보고서 역시 더 완벽하게 작성하게 되면서 상사들의 인정과 칭찬을 받았다. 물론 걱정과 불안도 눈 녹듯 사라졌다.

그날그날 할 일을 리스트로 정리하는 건 단 몇 분이면 충분하다. 아침마다 오늘의 할 일을 정리하는 습관을 기르면 번잡한 업무를 깔끔하게 정리해서 한눈에 들여다볼 수 있고 우선순위에 따라 처리해 업무 효율이 높아진다. 그럼 보다 능동적이고 자신 있게 업무에 임하게 되고, 업무 진행 상황과 업무 효율도 파악하게 된다. 그렇게 매일 조금씩 시간을 절약하다 보면 그것이 쌓이고 쌓여 돌발 상황에도 의연하게 대처할 수 있다.

물론 처음 업무 리스트를 작성할 때는 쉽지 않을 것이다. 내가 기대한 결과와 큰 차이가 있을 수도 있고 리스트 작성에 너무 많은 시간을 쏟을지도 모른다. 그래서 오히려 리스트를 작성하는 게 시간 낭비라는 생각에 포기하는 사람도 적지 않다.

그런데도 리스트 작성을 꾸준히 해나가는 사람은 시간이 지날수록 그러한 업무 처리 방식에 적응하게 되어 눈에 띄는 효과를 느끼고, 악순환에서 벗어나 효율적으로 업무를 처리하게 된다. '시작이 반'이라는 말처럼 모든 일은 첫 시작이 어려운 법이다. 그러나 그보다 더 중요한 건 그것을 끝까지 유지하는 인내심이다.

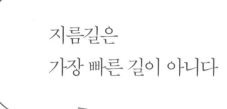

지름길은
가장 빠른 길이 아니다

'천천히 가자. 재촉하지 말자. 지름길로 가지 않는 것이 가장 빠른 길이다.'

요즘 젊은 예술가들 사이에 유행하는 일종의 소신이다. 그들은 10년에 단 한 자루의 칼을 만들지라도, 평생 단 하나의 작품을 만드는 한이 있어도 그 어느 하나 대충하거나 허투루 하는 일이 없어야 한다고 생각한다. 소위 '느림의 미학'이란 느리기 때문에 더 마음을 쏟아 완벽하면서도 최고로 아름다운 작품을 만든다는 뜻이다.

'애플의 아버지'라 불리는 스티브 잡스는 제품 디자인에 있어 결벽에 가까울 정도로 정교함과 완벽함을 추구했던 것으로 유명하다. 모든 부품을 만들 때 단 하나의 결함도 용납하지 않았던 그의 눈에는 아주 작은 흠집이나 문제가 있는 제품은 그저 쓰레기에 지나지 않았다.

거울처럼 빛나면서 단 하나의 흠집이나 반사광도 존재하지 않는 애플의 스마트폰 뒷면만 보더라도 알 수 있다. 애플에서 출시하는 아이패드나 맥 시리즈도 예외는 아니다. 아이패드의 후면 필름 두께는 고작 0.5mm, 맥북은 0.4mm로 외부 케이스는 모두 티타늄 합금 소재로 제작된다. 다시 말해 이 소재를 이토록 얇게, 광이 나도록 제작하는 동시에 작은 흠집도 생기지 않게 하는 건 사실상 불가능에 가까운 일이다. 최첨단 정밀기계로 생산한다고 해도 난이도가 상당히 높은 '도전'에 해당한다.

그런데 그걸 가능케 한 사람이 있었다. 바로 고바야시였다. 그는 장장 40년 동안 오로지 '연마'를 연구하고 작업하는 데 인생을 바쳤다. 그는 모든 금속 표면에 압력을 가해 가공할 때 나타나는 흠집을 평평하게 다듬고 윤기를 더하기 위해 '연마 바퀴'라는 도구를 사용했다. 그가 연구한 이 연마 바퀴는 상대적으로 거친 것에서부터 절단력이 매우 강한 모델, 실크처럼 부드러운 모델에 이르기까지 100종류가 넘었다. 그는 매일 업무가 끝난 늦은 밤, 아무도 없는 깜깜한 공장 안에서 가공력이 가장 높은 연마 바퀴와 연마제를 만들기 위해 끝없는 연구를 반복했다.

마침내 애플은 강한 의지와 예리한 관찰력, 투철한 사명 의식을 지닌 그를 발견해냈다. 알려진 바에 따르면 스티브 잡스는 고바야시의 정교한 기술력을 처음 본 순간 감탄을 금치 못했으며 곧바로 고바야시에게 아이패드의 후면 필름 가공을 위탁했다고 한다.

업무에서 '느림의 미학'이란 단순히 일을 천천히 하는 게 아니라 완벽을 추구하는 정신으로 임하는 자세를 말한다. 느리게, 인내심을 가지고 하되 속도가 아닌 최고를 추구한다. 그래서 느리게 거둔 성공이야말로 진정으로 밝은 빛을 뿜어낸다.

요즘 사람들은 효율을 중시하며 결과에만 집중한다. 주식, 증권 등의 금융과 복권은 '당신도 하루아침에 부자가 될 수 있다'라는 메시지로 사람들을 유혹한다. 점점 더 많은 사람이 자신이 원하는 결과를 급하게 손에 넣으려고 한다. 천천히 준비하고 계획하고 생각하는 것보다는 바로바로, 지금 당장 성과를 내려고 한다. 아이러니하게도 결과는 늘 생각과 반대로 흘러가고 속도를 내면 낼수록 도착지에서 멀어지고 만다.

한 화가가 있었다. 작업 속도가 매우 빨랐던 그는 거의 하루에 작품 한 폭을 그리곤 했다. 하지만 그의 그림을 가지길 원하는 사람은 아무도 없었다. 그는 늘 돈이 없어 가난에 허덕였고 가족을 부양하지 못했다.

반대로 그와 같이 그림 공부를 했던 또 다른 화가는 '느린 작업 속도'로 유명한 사람이었다. 1년에 작품을 하나만 그려내는가 하면 심지어 2~3년에 한 번 작품을 완성하기도 했다. 하지만 그의 작품은 세상에 나오기가 무섭게 값비싼 가격에 팔려나갔다. 하루는 '빠른 화가'가 '느린 화가'를 찾아가 조언을 구했다.

"어떻게 하면 당신처럼 높은 가격으로 작품을 빨리 팔 수 있나요?"

"당신처럼 하루 만에 그려낸 그림은 10년이 지나도 팔리지 않을 수 있어요. 하지만 1년에 딱 한 작품만 팔고 싶다는 생각으로 그림을 그린다면 장담하건대 하루 안에 팔려나갈 겁니다."

'느린 화가'의 조언을 들은 '빠른 화가'는 집에 돌아와 작업실 밖으로 나가지도 않은 채 1년 내내 그림에만 몰두했다. 과연 그는 이전과는 완전히 다른 새로운 작품을 창작해냈고, 그림은 전시장에 내놓자마자 아주 높은 가격에 팔렸다.

속도는 허상에 지나지 않는다. 너무 빨리 꿈을 좇아가느라 발밑의 구덩이를 보지 못한 사람들은 함정에 빠져 헤어 나오지 못한다. 그들은 인생에도 지름길이 있다고 생각하지만 이 세상에 지름길이란 애초에 존재하지 않는다.

가장 빠른 길은 그 지름길로 가지 않는 것이다. 아무리 인터넷이 발달해도, 주식시장이 호황이라고 해도 그 분야를 진정으로 이해하는 사람은 많지 않고 그것으로 돈을 벌 수 있는 사람은 더 많지 않다. 그보다 성실하게, 책임감 있게 자신의 사업을 일궈내 성과를 거두려고 노력해야 훨씬 더 많은 수확을 얻는다.

"재능이 칼이라면 겸손은 칼집이다."

중국 전 국가부주석 후진타오 胡錦濤

제4장

자기 객관화를
하지 못하는 사람들

나의 재능이
꿈을 받쳐주지 못할 때

이제 막 직장에 들어간 젊은이들은 콧대가 높다. 그들은 자신이 무엇이든 해낼 수 있다는 자신감에 가득 차서 단순 업무나 임금이 낮은 일은 거들떠보지도 않는다. 게다가 이 회사에서 자신 같은 인재를 알아보는 사람을 아직 만나지 못한 탓에 자신의 넘치는 재능을 펼치지 못하고 있다고 생각한다. 그러다 어느 날 갑자기 정말 기회가 오면 비로소 그들은 자신의 재능이 꿈을 받쳐주지 못한다는 사실을 깨닫는다.

재용은 대학 졸업 후 어느 대기업의 인재개발팀 면접에 응시했다. 명문대학 졸업장과 트레이닝 강사로 활동했던 경력이 있었기에 당연히 면접에 합격하리라 철석같이 믿었다. 하지만 결과는 매우 실망스러웠다. 그는 트레이닝 강사가 아닌 전화 상담원 직위에 배치되었다. 당시 면접을 보았던 상사는 그가 그 일을 달가워하지 않는다는 걸 눈치 채고 위로를 건넸다.

"이제 막 대학을 졸업했으니 업무 경험을 많이 쌓아야 하네. 자네 전공과 딱 맞는 일은 아니지만 현재 자네 경력으로 트레이닝 강사를 하기엔 역부족이라 전화 상담 업무부터 차근히 배워나가면 좋을 거야."

업무는 상상만큼이나 지루하고 재미가 없었다. 재용은 매일같이 로봇처럼 계속해서 전화를 걸었다. 결국 3개월의 인턴 기간이 끝나갈 무렵에도 실적은 '제로'였다. 그의 영업에 넘어간 고객은 단 한 명도 없었고 오히려 여러 차례 욕설을 들어야만 했다.

재용은 퇴사를 결심했다. 하지만 상사는 그에게 강연 기회를 주며 만류했다. 그가 현재 자신의 분수를 정확하게 인지하길 바라는 마음에 자리를 마련한 것이었다. 새가 높이 날아오르는 것이 얼마나 어렵고 힘든 일인지 알려주고 싶었다.

자신의 강연을 듣기 위해 회의실에 모인 사람들을 보자 재용은 갑자기 긴장되어 온몸에 식은땀이 흘러내렸다. 누군가가 넥타이로 목을 조르는 느낌이었다. 몇 마디 말을 하긴 했지만 두서가 없었고 결국 무대에서 쓰러지고 말았다. 이날 이후로 그는 너무 창피해 다시는 회사로 돌아가고 싶지 않았다. 하지만 팀장은 현실적인 조언으로 그를 나무랐다.

"네가 겪은 그 사소한 일에 사람들은 아무 관심 없어. 너 혼자만 신경 쓸 뿐이야. 성공하고 싶다면 쓰러진 그 자리에서 다시 일어나야 해. 이제 막 직장에 들어온 젊은이들은 오만한 태도로 본인의 꿈을 마음껏 실현해보겠다고 생각하지. 그런데 강의라는 건 태어날 때부터 잘하는 게 아니야. 경험이 쌓여야 노련해지는 거지. 노력은 배신하지 않아."

그 후로 재용은 자신이 맡은 일에 온 정신을 집중했고 일이 끝나면 강의에 관한 책과 PPT를 열심히 공부했다. 자신만의 커리큘럼을 짜보기도 했고 각종 스피치 대회에 나가면서 노력한 끝에 '세일즈 왕'이 되었다. 그리고 6년 뒤, 재용은 회사에서 가장 젊은 강사로 거듭났고 트레이닝 부서 팀장으로 승진했다.

꿈을 이루려면 재능이 필요하다. 재능이 받쳐줄 때 비로소 그걸 꿈이라고 부른다. 재능이 없으면 그건 꿈이 아니라 망상에 불과하다. 망상은 실현하기 어렵다.

이제 막 직장에 들어간 사람 중에는 갈피를 잡지 못하는 이들이 많다. 자신의 재능이 꿈을 받쳐주지 못한다는 현실을 깨달았기 때문이다. 큰일을 해낼 능력이 없지만 작은 일은 또 하기 싫어하는 그들은 종일 꿈만 꾼다. 결국 당장 주어진 일도 제대로 해내지 못해 아무것도 이뤄내지 못한다. 능력은 큰일을 하면서 단련되는 게 아니라 작은 일들을 하나씩 하는 동안 쌓인다. 보잘것없는 작은 일들을 통해 단련되고 쌓인 능력이 뒷받침되어야 비로소 큰일을 해낼 수 있다.

중국의 유명 가수 소경등은 음악을 위해 매일 무대가 있는 곳이면 어디든 뛰어다녔고 심지어 하루에 연속으로 12시간 이상 노래를 부른 적도 있었다. 영화가 아닌 항공서비스를 전공한 배우 조려영은 묵묵히 10년 동안 연기에 매진한 끝에 최우수 여우주연상이라는 영예를 안았다.

자신의 재능이 꿈을 받쳐주지 못한다는 사실을 알지만 포기하지 않는 사람들이 있다. 그들은 조용히, 묵묵히 아픔을 이겨내고 고생을 견뎌낸다. 그리고 마침내 성공의 트로피를 품에 안고 자신의 꿈을 실현한다. 물론 도중에 포기하는 사람들도 많다. 간단하면서도 쉬운 길을 선택한 것이다. 그러고 나서 성공한 사람들을 보며 속으로 시샘하고 부러워하다가 포기했던 자신의 꿈을 되돌아보고 뒤늦게 그것을 실현해보려 하지만 이미 너무 늦었다.

　나의 재능이 꿈을 받쳐주지 못하더라도 버텨내야 한다. 계속해서 자신을 갈고닦아야 한다. 지금 당장 주어진 작은 일들을 열심히, 멋지게 해내야만 비로소 미래에 닥칠 수많은 큰일을 순조롭게 처리할 수 있다.

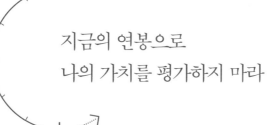

지금의 연봉으로
나의 가치를 평가하지 마라

20대로 들어서면 열정과 꿈, 낭만으로 가득했던 풋풋한 고등학생 시절과는 이별하고 직장의 냉정함과 사회의 쓴맛을 경험하게 된다. 많은 사람이 자신의 인생 가치를 실현하기 위해 돈을 번다. 물론 연봉이 개인의 능력을 판가름하는 지표 중 하나인 것은 맞지만 그것이 전부는 아니다. 업무 경험이 없는 사회초년생들은 아직 자신의 능력을 충분히 발휘할 만한 기회가 없었기 때문에 연봉이 적다고 해서 위축되거나 주눅들 필요가 전혀 없다. 중요한 건 미래다.

돈을 많이 준다고 무슨 일이든 가리지 않고 닥치는 대로 다 하겠다는 태도는 버려야 한다. 그렇게 했다가는 잃는 것이 훨씬 더 많다. 회사는 당신의 연봉을 정하고 역할을 통제할 수는 있지만 당신이 일하면서 하는 개인적인 생각이나 공부, 자기계발 등은 막을 수 없다. 또 당신의 부지런한 업무 습관이나 긍정적인 마음가짐, 도덕적인 직업의식 등도 통제할 수도 없다. 미래를 위해 당신이 하는 모든 노력을 제한할 수 없으며, 그로 인해 당신이 앞으로 얻을 수 있는 모든 보상과 결과를 착취하거나 박탈할 수 없다.

민석은 한 글로벌 무역 회사에서 일한다. 회사 규모는 그리 크지 않고 그의 임금도 높은 편이 아니다. 그는 자신이 회사에 있어도 그만, 없어도 그만인 사람 같다고 생각했다. 하루는 친구와의 술자리에서 분노에 가득 찬 그가 테이블을 세게 내리치며 말했다.

"내 상사는 단 한 번도 나를 마음에 들어 한 적이 없어! 이 더러운 회사 그만둘 거야!"

그의 말을 듣고 있던 친구가 물었다.

"그런데 그 회사 업무에 대해서는 완전히 꿰고 있는 거야? 그 회사가 어떻게 글로벌 무역 회사로 성공했는지 알고는 있어?"

"아니…."

민석은 다소 자신 없는 목소리로 대답했다.

"자고로 원수를 갚는 데는 10년도 더 걸린다고 했어. 먼저 지금 회사의 무역 기술이나 거래 문서, 경영 전략 같은 걸 정확히 파악해봐. 심지어 복사기가 고장 났을 때는 어떻게 수리하는지도 다 깨우친 뒤에 퇴사를 결정하는 것도 나쁘지 않다고 생각해. 그렇게 퇴사하면 최소한 그래도 배우는 건 많잖아."

친구의 이야기를 듣고 민석은 이튿날부터 조용히 혼자 공부를 시작했다. 퇴근 후에도 회사에 남아 여러 비즈니스 문서를 연구하고 터득했다. 1년 뒤, 친구가 다시 민석에게 물었다.

"요즘도 퇴사하고 싶어?"

"아니. 요즘 상사한테 엄청나게 신뢰받고 있어. 연봉도 많이 올랐고 얼마 전에는 진급도 했는걸."

"거봐. 이렇게 말하긴 미안하지만 1년 전에 네 연봉이 적었던 이유는 능력이 부족한데 노력하지 않았기 때문이야. 하지만 열심히 공부하고 노력한 끝에 이제는 회사 처우도 달라지고 자네도 더 능력 있는 사람이 되었잖아. 축하해."

일상을 이어가기 위해서는 돈이 필요하다. 돈은 노동을 통해 얻을 수 있지만 그렇다고 돈이 노동의 유일한 보상이자 결과는 아니다. 그러므로 지금 당장의 임금이 적다고 기죽거나 속상해할 필요 없다. 보수는 그저 우리가 얻는 물질적 보상이지만 우리는 일을 통해 정신적으로도 보상과 위로를 받는다. 또 그것이 가능해야만 일하는 보람과 재미가 있다.

휴즈 샤뮤스가 금융 기업 NCR 영업 담당자로 재직하던 시절, 회사 재정에 어려움이 생겨 영업 인력이 대거 빠져나가고 실적이 하락하는 일이 벌어졌다. 이에 그는 영업 인력을 대상으로 한 회의를 열었다.

회의가 시작되고 그는 평소 성적이 우수한 몇몇 영업 사원들에게 현재 무슨 이유로 실적이 하락하는지 물었다. 그들은 열악한 비즈니스 환경과 부족한 자금, 불안한 정세 등을 이유로 꼽았다. 가만히 듣고 있던 샤뮤스는 화를 참지 못해 책상을 내리쳤고 회의는 10분 동안 중단되었다.

10분 뒤, 그는 회사 내에서 전문 구두닦이로 일하는 흑인 소년을 불러 구두를 닦았다. 그는 테이블 앞에서 한 치의 움직임도 없이 서 있다가 구두를 다 닦은 소년에게 1센트를 주었다.

"이 소년 아시죠? 이 소년의 전임 구두닦이는 백인 소년이었습니다. 나이는 이 친구보다 훨씬 많았죠. 회사에서는 매주 그에게 5달러씩 지원금을 주었습니다. 회사에는 수천 명의 직원이 있었습니다. 모두 그의 고객인 셈이죠. 그런데 그 백인 소년은 생활비조차 잘 모으지 못했습니다. 하지만 지금 이 흑인 소년은 별다른 상여금이 없는데도 매주 돈을 저축하고 있습니다. 똑같은 환경에서 이렇게 큰 차이를 보인다면 과연 누구의 잘못입니까?"

"백인 소년의 잘못이지요."

직원들은 큰 소리로 대답했다.

"그렇다면 여러분도 회사 실적이 하락하는 이유가 뭔지 곰곰이 생각해보세요. 오늘 회의는 여기까지입니다."

그 후로 영업 직원들은 각고의 노력을 통해 회사 실적과 분위기를 끌어올렸고 마침내 회사를 위기로부터 구해낼 수 있었다.

아무런 열정과 노력 없이 일하는 사람은 장애물을 만나기 마련이다. 그러나 열정을 품고 일하는 사람들은 무엇을 하든지 성공한다. 노동은 이 세상이 우리에게 선물한 사명이다. 노동을 통해 우리는 더 나은 내가 되어가고 발전한다. 연봉이 조금 낮아도 괜찮다. 그 일을 하면서 무언가를 배우고 자신을 채워나갈 수만 있다면 언젠가 반드시 내가 원하는 연봉을 받을 수 있는 날이 온다.

성공은 단순함의 반복과
정교함에서 비롯된다

간단하고 단순한 일을 반복적으로, 완벽하게 해내는 것은 겉보기엔 쉬워 보여도 실제로 해보면 전혀 쉽지 않다. 우직함으로 두 산을 옮겼다는 고사에서 유래한 '우공이산愚公移山', 쇠공이를 갈아서 바늘을 만든다는 뜻의 '철저마침鐵杵磨針' 등 우리가 잘 아는 이야기 속의 주인공들은 모두 단순하면서도 간단한 일을 가장 정교하게 해낸 사람들이다. 그들이 성공할 수 있었던 이유는 마음속에 성공에 대한 신념을 끝까지 품고 있었기 때문이다.

성공에는 '포기하지 않는 정신'이 필요하다. 지금은 보잘것없어

보이는 작은 일이라도 그것이 언젠가 당신의 성공을 도울 마지막 퍼즐 조각이 될지도 모른다. 세상만사에는 크고 작음이 없고 존재의 의미와 가치가 있다. 우리가 그 가치를 찾아낸다면 그것이 바로 성공이다.

세일즈 업계의 한 유명 인사가 퇴직을 앞두고 마지막 연설을 준비하고 있었다. 그는 퇴임 연설 장소로 대규모 공연장을 골랐다. 행사 당일, 그의 연설을 듣고자 하는 사람들로 행사장은 만석을 이뤘다.

그리고 마침내 무대의 막이 열렸다. 그가 모습을 드러냈고 무대 중앙에는 쇠로 만들어진 거대한 공이 놓여 있었다. 그는 연설을 시작하기 전 두 명의 젊은이를 현장에서 지목해 무대 위로 초청했다. 그런 다음 그들에게 커다란 쇠망치를 건네주며 그걸로 공을 쳐서 굴려보라고 했다.

첫 번째 젊은이는 크게 숨을 들이쉬고는 힘껏 쇠공을 밀어 쳤다. 쿵 소리가 크게 현장에 울려 퍼졌지만, 쇠공은 꿈쩍도 하지 않았다. 망치를 건네받은 두 번째 젊은이 역시 있는 힘을 다해 공을 가격했지만, 소리만 요란할 뿐 쇠공은 움직일 기미가 없었다.

젊은이들이 무대에서 내려간 뒤 연사는 아주 작은 망치를 하나 꺼내 쇠공을 '탕탕탕' 두드리기 시작했다. 관중들은 영문을 몰라 웅성거렸지만 그는 동요하지 않고 계속해서 망치질에 집중했다. 그렇게 20분이 지나자 자리를 뜨는 관객이 생겼는데, 연사는 망치질을 멈추지 않았다. 40분이 지나자 쇠공이 조금씩 흔들리기 시작하더니 점차 더 크게 움직이기 시작했고 관중석 여기저기서 탄성이 나왔다. 그제야 연사는 입을 열었다.

"여러분, 이것이 바로 저의 성공 비결입니다. 능력이 부족하더라도 포기하지 않고 끝까지, 반복해서 하다 보면 성공은 어느새 눈앞에 와 있을 겁니다. 오늘 저의 연설은 여기까지입니다. 감사합니다."

성공에는 지름길이 없다. '위대한 업적, 괄목할 성적'을 일궈내는 것이 성공이라 말하는 사람들이 있지만 사실 그렇지 않다. 성공은 지극히 평범함에서 시작되며 그 평범함이 쌓여서 만들어진다. 본인이 맡은 평범한 일을 작은 디테일까지 놓치지 않고 해내는 것, 그것이 바로 성공이다.

명나라 만력 시기, 황제는 적들의 침략을 막기 위해 만리장성 보수 공사를 결심했다. 당시 천하제일의 관문이라고 불리던 산해관은 이미 오래전부터 수리를 기다리고 있던 상태였다.

그중 '천하제일관天下第一關'이라고 쓰인 현판에서 '일一' 자가 크게 훼

손되어 있었다. 조정에서는 천하의 서예 명인들을 산해관으로 불러 모아 일자를 써보게 하였고 그중 선발되는 사람에게 황금 100냥을 하사하기로 하였다. 그리하여 남에서 북에 이르기까지 글씨 깨나 쓴다고 하는 서예가들이 모두 모여 솜씨를 뽐냈다. 그들이 쓴 일자 는 모두 훌륭했지만 기존 현판의 글자들과 같이 놓았더니 그 뛰어 남이 금세 빛을 잃고 퇴색했다.

"어찌 이런 대국에 일자 하나를 제대로 쓰는 사람이 없단 말인가!"

황제는 분노했다. 그러다 마침내 기존의 현판과 완벽하게 조화를 이루는 일자를 쓴 사람이 나타났다. 그는 유명 서예가도, 유명 학자도 아닌 산해관 근처 여인숙에서 일하는 종업원이었다. 그 사실을 알게 된 사람들은 모두 자기 눈을 의심했다.

글을 쓰던 날, 현장은 구경꾼들로 북새통을 이뤄 발 디딜 틈이 없었다. 관가에서는 일찍부터 붓과 먹, 종이와 벼루를 준비해놓고 그가 와서 멋지게 붓을 휘두르길 기다렸다. 그러나 여인숙의 일꾼은 고개를 들어 산해관의 현판을 한 번 올려다보고는 값비싼 붓을 내던지고 걸레 하나를 집어 들어 먹을 듬뿍 묻히고는 단숨에 글자를 써 내려 갔다. 이내 그의 손끝에서 훌륭한 일자가 탄생했고 숨죽여 이를 지켜보던 사람들은 감탄 섞인 박수갈채를 보냈다.

그중 호기심 가득한 한 관중이 그에게 다가가 "글도 잘 모르면서 어찌 이리 잘 쓸 수 있는가?"라고 물었다. 그가 글을 모르는 건 사실이었다. 매일 하는 일이라고는 여인숙에서 테이블을 닦고 음식을 나르는 일이었다. 그중에서도 술을 관리하는 일을 했는데 손님 중에 누군가 술을 주문하면 가로로 '一'을 그어 셈을 했었다. 이 일을 어언 30년 동안 해왔다. 지금껏 그린 '일一'의 수는 헤아릴 수 없을 정도였다.

사람들은 성공을 꿈꾸지만 진정한 의미의 성공을 이루는 사람은 극히 드물다. 세상 사람은 모두 커다란 성공을 꿈꾸면서 작은 일, 간단한 일에는 눈길을 주지 않는다. 그러나 이 세상에 간단한 일이란 없다. 아무리 간단한 일이라도 도중에 그만두지 않고 끝까지 지속하기는 절대 쉽지 않다. 성공은 간단한 일을 반복적으로 정교하게 하되 그것을 10년, 20년 동안 지속하는 것이다. 피아노나 글쓰기, 그림 등과 같은 일의 경우는 더욱 그렇다. 수만 시간의 반복적인 연습과 노력 없이는 정교함을 이뤄낼 수 없다.

아무리 작은 일도 정교하게 해내면 그것이 바로 커다란 성공이다. 당신이 지금 하는 일에 인내심과 열정을 지닌 채 부단히 반복하라. 당신은 결국 성공할 것이다.

급한 불도
침착하게 꺼야 한다

사람들은 살면서 한 번쯤 자신뿐만 아니라 다른 사람에게도 피해를 줄 수 있는 생각지도 못한 돌발 상황을 만난다. 최근 몇 년간 대형 버스 운전 기사들이 운전 도중 심장병을 일으키거나 갑작스럽게 경기를 하는 등의 돌발 사건이 몇 차례 발생했다. 그중에는 한 승객이 침착하게 기지를 발휘해 브레이크를 밟아 안전하게 차를 멈추고 다른 승객들의 목숨을 구한 경우도 있었다.

하지만 돌발 사건이 일어났을 때 모든 사람이 그렇게 '위대한 승객'처럼 행동하는 건 아니다. 대부분 속수무책으로 당한다. 돌발 상황에서 사람들은 반사적으로 공포를 느끼지만, 공포심을 이겨내고자 하는 심리는 후천적으로 길러지는 일종의 '능력'이다.

역사적으로 위대한 인물들은 모두 '냉정함'의 고수라고 해도 과언이 아니다. 허둥대거나 당황하는 태도는 문제를 해결하는 데 아무 도움이 안 되며 오히려 정상적인 사고를 망치고 주변 사람들을 똑같이 혼란에 빠뜨린다는 걸 그들은 너무 잘 알았다. 우리 역시 돌발 상황이 일어났을 때는 자제력을 발휘해 평정심을 가지고 의연하게 대처하는 자세가 필요하다.

인도의 한 고급 레스토랑에 갑자기 독사 한 마리가 들어왔다. 독사는 테이블 밑을 기어 다니다가 한 여성 손님의 등을 타고 올라갔다. 그녀는 자신의 등을 타고 올라온 것이 뱀이라는 사실을 분명히 알았지만 당황하지 않고 손가락 하나 움직이지 않은 채로 가만히 뱀이 내려오길 기다렸다. 그런 다음 식당 종업원에게 조용히 우유를 담은 접시를 창가에 놓아달라고 부탁했다.

마침 맞은편에서 식사를 하던 한 남자 손님은 우유 접시를 들고 창가로 걸어가는 종업원을 보고 소스라치게 놀랐다. 인도에서는 뱀을 쫓아내기 위해 우유가 담긴 접시를 창가에 놓아두는 풍습이 있었기 때문이다. 그는 곧바로 레스토랑 안에 독사가 있다는 걸 알아채고 주변을 살살이 살피기 시작했지만 뱀을 발견하지 못했다. 그는 분명히 뱀이 테이블 밑에 있을 거라고 확신했다. 그러나 소리를 지르거나 소란을 떨지 않았고 함께 식사하는 사람들에게 뱀이 나타났다고 요란스럽게 알리지도 않았다. 대신 사람들에게 게임을 제안했다.

"여러분, 지금부터 저랑 게임을 하나 해봅시다. 여러분의 자제력이 얼마나 되는지 알아보는 테스트입니다. 제가 숫자를 300까지 세겠습니다. 그동안 여러분이 움직이지 않고 가만히 있으면 제가 여러분께 50페소씩 드리겠습니다. 그렇지만 누구라도 움직이면 여러분이 제게 50페소를 주는 거예요."

사람들은 그때부터 얼음처럼 가만히 그 자리에서 꼼짝하지 않았다. 그가 280까지 숫자를 세자 코브라 한 마리가 창가 앞 우유를 담아둔 접시로 유유히 들어갔고 그는 재빨리 일어나 창문을 닫았다. 손님들은 그제야 깜짝 놀라며 그의 재치와 지혜, 침착함에 칭찬을 아끼지 않았다. 만일 그가 그렇게 하지 않았다면 분명 개중에는 본인이 나서서 뱀을 잡아보겠다고 요란을 떠는 사람이 있었을 테고, 뱀을 잘못 건드리기라도 했다간 결과는 불 보듯 뻔한 일이었다. 하지만 남자는 아까 그 여성을 가리키며 말했다.

"칭찬은 제가 아니라 저분이 받아야 합니다. 저분이 기지를 발휘하지 않았다면 불가능했을 거예요."

심리학자들은 사람이 좌절과 충격에 휩싸이면 심리적으로 두려움, 공포, 수치심, 절망감 등을 느끼는데, 이러한 '심리적 늪'에 빠져서 스스로 헤어 나오지 못하면 결국 더 깊은 수렁으로 빠져들어 파멸을 맞이하게 된다고 말한다. 그래서 우리는 이러한 실패감에 깊이 젖어 들지 않도록 주의해야 한다.

가장 중요한 것은 위기와 실패 앞에서도 정확하게 문제를 인지하고 건강한 심리를 유지하는 침착함이다. 기억하라. 위기가 찾아오더라도 당황하지 말고 침착하게 이성을 되찾아야 적절한 해결법을 생각해낼 수 있다.

모처럼 외국의 휴양지에서 휴가를 보내던 고대 프랑스의 한 유명 희극 배우가 급히 고향으로 돌아오라는 연락을 받았다. 서둘러 짐을 챙기던 그는 지금 당장 호텔 비용을 지불하고 나면 유아용 비행기 좌석을 끊을 돈조차 남지 않는다는 사실을 깨달았다. 이윽고 날이 저물어 침대에 누웠지만, 걱정에 가득 찬 그는 잠이 오지 않아 계속해서 이리저리 뒤척였다. 아는 사람 하나 없는 낯선 곳에서 그에게 선뜻 돈을 빌려줄 사람이 있을 리 만무했다. 그렇다고 가족들에게 돈을 부쳐달라고 하기엔 시간이 너무 오래 걸릴 것 같았다. 그러다 문득 좋은 생각이 떠올랐다.

다음 날, 그는 호텔 로비로 내려가 웃음 가득한 얼굴로 직원들과 인사를 나누며 "금방 돌아올게요!"라는 말을 남기고 밖으로 나갔다. 그러고는 근처 상점에 가서 저렴한 와인과 메모지를 샀다. 그리고 편지를 써서 파리로 보낸 후 메모지를 붙인 와인병을 들고 호텔로 돌아왔다. 호텔에 도착한 그는 호텔 직원들이 와인병에 붙은 메모를 볼 수 있도록 일부러 잘 보이는 탁자 위에 내려놓았다. 그것을 본 직원들은 깜짝 놀라며 그 즉시 경찰에 신고 전화를 걸었다. 와인병에 붙은 메모지에는 '국왕에게 드리는 독약', '왕비에게 드리는 독약'이라고 적혀 있었다.

잠시 후, 신고를 받고 출동한 경찰 두 명이 호텔로 들어와 신속히 그를 체포했다. 당시 규정에 따르면 모든 범죄인은 그 즉시 파리로 이송되어 재판을 받아야 했다. 그 역시 해당 절차를 따라 곧바로 파리로 이송되었다. 그러나 그는 파리로 돌아온 후 곧장 풀려났다. 사실 그는 국왕이 가장 신뢰하고 총애하는 배우였다. 파리로 돌아오기 전에 썼던 편지는 국왕에게 보낸 것이었다. 그의 편지를 받고 나서 전후 사정을 알게 된 국왕은 크게 웃음을 터뜨렸다.

위기를 만났을 때 가장 중요한 것은 크게 놀라거나 동요하지 않는 침착함이다. 평정을 잃는 순간 모든 것은 뒤죽박죽 엉킨다. 그런데 대부분 사람이 위기나 돌발 상황을 만나면 감정적으로 반응하며 문제를 해결하려고 한다. 그렇게 해서는 문제를 해결할 수도 없을 뿐더러 오히려 더 상황을 복잡하게 만들어 문제의 핵심에서 벗어나기 때문에 불필요한 문제들을 발생시킨다.

당황하거나 산만해지면 문제를 해결할 수 없다. 오히려 안정을 되찾고 마음을 가라앉히도록 자신을 강하게 몰아가는 게 낫다. 그 상황에서 현실과 주변 상황을 냉정하게 분석하고 위기의 형세를 정확히 인식하면 최선책을 찾아 위기를 기회로 바꿀 수 있다.

나의 잘못을
용감하게 책임지기

'털어서 먼지 안 나는 사람 없다'라는 말처럼 사람이라면 누구나 잘 못하고 실수하기 마련이다. 그런데 실수를 저지르면 대부분은 상황을 회피하거나 다른 사람에게 책임을 전가하려고 한다. 그런 다음 시간이 흘러 나중에야 반성하고 사과하거나 책임지겠다고 말한다.

매번 그런 식으로 행동하다 보면 자기 잘못을 직시할 용기를 잃어버리고 만다. 잘못과 실수를 인정하고 책임을 지는 것은 오랜 전통이자 미덕이다. 그러나 요즘 세상에서는 처벌은 고사하고 자기 잘못을 직시하고 인정하는 일조차 드물다. 책임은 모든 사람이 반드시 지녀야 할 아름다운 소양이다. 그리고 책임을 진다는 것은 평범한 인생에서 성공으로 향하는 필수 조건이다.

1920년, 12살 먹은 미국 소년이 친구들과 축구를 하다가 실수로 공을 잘못 차는 바람에 이웃집 창문을 깨고 말았다. 화가 머리끝까지 난 주인이 대문을 박차고 나와 대체 누구 짓이냐고 아이들에게 따져 물었다. 다른 아이들은 이미 도망가고 없는 상태였다. 하지만 소년은 도망가지 않고 주인에게 다가가 머리를 숙이며 잘못을 고백하고 용서를 구했다. 고집스러운 주인은 계속해서 화를 냈고 소년은 눈물을 흘렸다. 결국 소년은 부모님을 모셔 와야만 했다.

집으로 돌아온 소년은 씩씩거리며 아버지에게 조금 전에 일어난 일을 설명했다. 아버지는 아들이 나이가 어려 실수로 그랬거니 생각하며 넘어가지 않았고 정색한 채 그때부터 한마디도 하지 않았다. 옆에 있던 어머니는 그런 아버지를 타일렀다. 얼마나 지났을까. 한참 뒤에 아버지는 아주 냉정한 말투로 아이를 불러 말했다.

"설령 집에 돈이 많다고 해도 이번 일은 네 실수로 일어난 거야. 그러니 그 일에 너 스스로 책임을 져야 한다."

그러고는 주머니에서 돈을 꺼내며 진지하고 엄숙한 표정으로 말했다.

"자, 이 15달러를 빌려줄 테니 수리비를 배상하는 데 사용하렴. 그리고 어떻게든 방법을 생각해서 꼭 갚도록 해라."

아이는 아버지에게서 돈을 건네받고 곧장 그 주인에게 달려가 수리비를 배상했다. 그 당시 15달러면 알을 낳는 암탉 125마리를 살 수 있는 큰돈이었다.

그때부터 소년은 낮에는 공부를 하고 남는 시간에 일을 하면서 돈을 모아 아버지에게 착실히 빌린 돈을 갚아나갔다. 나이가 어렸던 탓에 힘든 일은 하지 못했고 식당에서 설거지를 하거나 가끔 고물을 주워 파는 식으로 돈을 벌었다. 6개월 정도가 지나자 마침내 125달러라는 '천문학적 숫자'를 모을 수 있었고 소년은 아주 당당하고 자신만만한 얼굴로 그 돈을 아버지에게 돌려주었다. 아버지는 흐뭇한 미소를 지으며 아이의 어깨를 토닥였다.

"자신의 실수를 책임질 줄 아는 사람은 나중에 커서 아주 훌륭한 사람이 된단다."

수년 후, 이 소년은 미국의 대통령이 되었다. 그가 바로 로널드 레이건이다. 훗날 그는 말했다.

"그때, 그 일을 계기로 저는 책임이라는 게 무엇인지 확실히 알게 되었습니다."

세상에 완벽한 사람은 없다. 사람은 크든 작든 실수를 저지르지만 그렇다고 모든 사람이 용감하게 그 실수를 책임지는 건 아니다. 실수를 저질렀다고 해서 매번 책임을 전가하거나 두려워할 필요가 없는데도 많은 사람이 담담하게 자신의 과오를 인정하는 걸 꺼리며 자꾸만 다른 사람을 탓한다.

진정으로 자신을 돌아보라. 잘못을 저질렀을 때 자신의 실수가 무엇인지 깨달으면 남에게 책임을 전가하지 않고 문제를 해결할 방법을 찾아내는 데 집중하게 된다. 책임이란 거창한 게 아니다. 실수를 저질렀을 때 그것을 만회하고 보완하는 것이다. 설령 그에 따른 벌로 대가를 치러야 한다고 해도 말이다.

실수를 저지르면 어떻게든 구실을 찾아내 변명을 늘어놓는 고양이가 있었다. 생쥐를 잡다가 놓치면 "너무 말라서 그랬어. 살이 조금 더 오르면 그때 잡을 거야"라고 둘러댔고, 강가에서 생선을 잡다가 꼬리에 얼굴을 한 대 맞고 놓치면 "사실 잡으려고 했던 게 아니야. 고기 잡는 게 뭐 어렵니? 난 그냥 세수나 한번 하려고 했던 거라고"라며 변명을 일삼았다.

그러던 어느 날, 친구들과 함께 강가에 고기를 잡으러 간 고양이는 그만 실수로 물에 빠지고 말았다. 친구 고양이가 구해주려고 손을 내밀자 또 변명을 늘어놓았다.

"도와줄 필요 없어. 나 지금 수영 중….."

고양이는 말을 다 마치기도 전에 물속에 잠기고 말았다.

"가자, 쟤 지금 잠수 중인가 봐."

결국 그 고양이는 물에 빠져 죽고 말았다.

본인의 실수나 잘못을 인정하지 않은 채 끊임없이 변명만 늘어놓는 사람은 결국 제 발에 걸려 넘어질 수밖에 없다. 잘못을 저질렀을 때 책임을 전가하는 데만 전전긍긍하지 말자. 대신 그 실수로 인해 생겨날 여러 결과와 문제를 해결하려고 노력해보자.

책임 전가는 자신에게도 좋지 않다. 누군가에게 잘못을 들킬까 봐 항상 노심초사해야 하고 계속해서 스며드는 불안과 싸워야 한다. 그러니 실수했다고 해도 너무 염려하지 마라. 잘못을 인정하고 그것을 개선하여 다시는 똑같은 잘못을 저지르지 않도록 조심하면 된다.

문제는 원망의 대상이 아니라
해결의 대상이다

'세상의 크기에 따라 원망의 크기도 결정된다'는 말이 있다. 세상이 크면 원망도 덩달아 커지고 세상이 작으면 작은 대로 원망이 터져 나온다는 뜻이다. 시끄러운 도시에서는 여기저기서 원망의 소리가 끊이지 않는다. 비가 오면 날씨가 안 좋다, 여름이면 너무 덥다, 겨울이면 너무 춥다, 출퇴근길이 너무 막힌다, 월급이 안 오른다 등등 계속해서 터져 나오는 불만과 원망은 우리를 점점 우울로 몰고 간다.

불평과 원망도 마음을 표현하는 방법의 하나지만, 문제는 부정 정서를 계속해서 쏟아낸다는 점이다. 부정 정서는 주변 사람에게 쉽게 전염되며 더 많은 부정 정서를 낳는다. 이는 그 사람의 성격이나 인생관과 관련 있다. 또한 문제가 생겼을 때 불평하고 원망하는 건 아무런 효과가 없다. 불평과 원망은 자신에게 닥친 문제와 환경을 해결할 자신감 없는 모습을 대변하기도 한다. 가장 효과적인 대응책은 그저 문제를 해결하는 것이다.

어릴 때 걸린 골결핵으로 장애까지 얻은 로버트 바라니를 보며 그의 어머니는 고통과 슬픔에 휩싸였지만, 아들에게 장애를 안겨준 하늘을 원망하지 않았다. 아이에게 가장 필요한 건 격려와 도움이지, 자신의 눈물이 아니라는 걸 깨달은 그녀는 병상에 누운 아들의 손을 잡으며 말했다.

"아들아, 엄마는 네가 의지가 강한 사람이란 걸 안단다. 나는 네가 그 두 다리로 인생의 길을 용감하게 걸어갈 수 있을 거라 믿는다. 바라니, 그렇게 할 거라고 이 엄마에게 대답해줄 수 있겠니?"

어머니의 격려는 바라니의 마음을 강하게 내리쳤다. 그는 신음을 내뱉으며 어머니의 품에 안겨 어린아이처럼 통곡했다.

그날 이후 어머니는 시간만 나면 그와 함께 걷는 연습을 하거나 재활운동을 했다. 그럴 때마다 온몸에 비 오듯 땀이 쏟아져 내렸다. 하루는 그녀가 심한 감기에 걸려 말할 수 없을 정도로 아팠지만, 어머니로서 아들에게 말뿐 아니라 행동으로도 모범을 보여야 한다고 생각했다. 그래서 고열에 시달리는 와중에도 계획대로 아들과 함께 걷는 연습을 했다. 얼굴에서는 식은땀이 계속 흘러내렸지만, 손수건으로 닦아내며 어금니를 꽉 물고 아들과 함께 그날의 재활훈련을 끝냈다. 바라니는 숱한 재활훈련 끝에 장애로 인한 여러 불편을 극복해냈다. 어머니의 솔선수범은 그에게 살아 있는 교육이 되어 인생의 아픔을 견뎌내는 데 든든한 버팀목이 되었다. 이후에도 그의 노력은 멈추지 않았다. 피나는 노력으로 공부한 그는 늘 반에서 상위권에 들었고 결국 우수한 성적으로 빈의과대학에 입학했다.

대학 졸업 후, 전정기관의 생리와 병리를 연구에 힘쓴 그는 노벨 생리학 및 의학상의 영예로운 수상자가 됐다.

자신이 처한 환경을 탓하는 사람들이 있다. 물론 사람이 태어나고 자란 환경은 그 사람의 미래에 영향을 미치지만 그건 절대적인 요소가 아니다. 불우한 환경에서도 얼마든지 훌륭한 사람들이 자라고 있다. 세상을 원망하고 자기 삶을 불평하는 사람은 지혜롭지 못하다. 그보다는 자신을 변화시켜 지금까지의 불평과 불만을 성장의 동력으로 삼는 자세가 필요하다.

'발명의 대가' 에디슨은 청각장애가 있었지만 1천 개가 넘는 발명품을 만들어 세상에 이름을 남겼다. 나폴레옹은 키가 작았지만 그것과 상관없이 대영제국을 세웠고, '음악의 아버지' 베토벤 역시 청각장애가 있었으나 후세에 길이 남을 명작을 수없이 많이 남겼다. 이렇듯 세계적으로 이름을 알린 인물들은 신체적인 결함이 있었음에도 그것을 동력으로 삼아 자신의 인생을 변화시켰다.

발을 보호하고 싶다면 좋은 신발 한 켤레를 신어라. 그것이 온 세상에 값비싼 카펫을 깔아주는 것보다 훨씬 쉽다. 만일 이 사회가, 이 세상이 문제라고 느껴진다면 당신 자신부터 변화해야 한다. 인생의 가장 큰 비극은 자신의 인생을 멋지게 살아내지 않는 것이다.

한 흑인 꼬마가 아버지를 도와 포도주 공장에서 오크통을 정리하고 관리하는 일을 했다. 매일 아침 소년은 수건으로 오크통을 하나하나 깨끗하게 닦은 다음 그것들을 가지런히 세워놓았다. 그런데 바람이 조금이라도 세게 부는 날이면 차례로 세워놓은 오크통이 밤새 넘어져 뒤죽박죽 엉망진창이 됐다. 그런 날이면 소년은 속상한 마음에 울음을 터뜨렸다. 아버지는 아이의 머리를 쓰다듬으며 말했다.
"아들아, 울지 말거라. 우리 함께 방법을 생각해보자꾸나."
소년은 눈물을 훔치고 오크통 옆에 앉아 한참을 골똘히 생각하더니 좋은 아이디어를 떠올렸다. 그는 우물에서 깨끗한 물을 한 바가지씩

퍼낸 다음 비어 있는 오크통 안에 쏟아부었다. 그러고는 반신반의한 마음으로 집에 돌아가 잠이 들었다.

다음 날, 날이 밝기가 무섭게 소년은 포도주 공장으로 달려가 오크통을 살펴보았다. 오크통은 전날 밤 정리해둔 그 모습 그대로 예쁘게 세워져 있었다. 바람에 흔들려 넘어지거나 나뒹구는 것이 하나도 없었고 비뚤어진 것도 없었다. 소년은 기뻤다. 아이는 웃음을 가득 머금고 아버지에게 말했다.

"바람이 조금 더 세게 부는 날에는 통 안에 물을 조금 더 부어놓으면 될 것 같아요."

아버지는 그런 아들을 아주 흐뭇하게 바라보았다.

문제가 생겼을 때 누군가를 원망하고 불평하는 것은 아무런 소용이 없다. 당신의 나약함만 더 두드러질 뿐이다. 문제가 생기면 이렇게 생각하라. '이건 이미 일어난 일이야. 그리고 언젠가는 반드시 끝날 거야.' 이러한 믿음으로 합리적인 해결 방법을 찾도록 하라. 불평만 하는 것은 아무런 도움이 되지 않는다. 세상을 바꾸고 싶다면 먼저 당신부터 변하도록 하라. 실제로 해보면 나 자신을 바꾸는 일이 절대 쉽지 않다는 걸 알게 될 것이다.

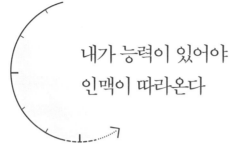

내가 능력이 있어야
인맥이 따라온다

"일을 시작하면 사람을 많이 사귀고 인맥을 넓혀라." 사회 초년생들에게 부모나 선배들이 많이 하는 조언 중 하나다. 하지만 막상 사회에 나가 인맥을 쌓으려고 하면 이 사회가 어른들이 얘기했던 것과는 많이 다르다는 사실을 깨닫게 된다.

무조건 훌륭하고 유능한 사람을 알게 된다고 능사가 아니다. 그들은 당신이 어떤 인맥을 가졌는지가 아니라 당신이 어떤 가치를 지닌 사람인지에 주목한다. 은행에서 대출받는 상황을 생각하면 이해하기 쉽다. 은행은 나라는 사람을 자세히 모르기 때문에 현재 나의 신용 등급을 조회해보고 그것을 근거로 돈을 빌려준다. 내가 얼마큼의 명예를 가졌는지, 누구와 알고 지내는지는 중요하지 않다.

광수의 인생 첫 출근 날은 그야말로 눈물 콧물 범벅인 하루였다. 특히 입사 초반에 거래처를 만나고 회사 광고를 따내고 영업을 할 때는 거의 구걸하다시피 하면서도 성과가 없을 때가 많았다. 그러나 평범한 가정에서 나고 자란 광수는 업계에 아는 사람도 없었고 인맥도 없어서 활용할 만한 자원이 없었다.

그 시절, 광수의 기억에 가장 선명하게 남아 있는 건 한 고객과 식사 약속을 잡았던 일이다. 광고 계약 건으로 미팅을 하기로 했는데 고객이 계속 이런저런 핑계를 대며 약속을 미뤘었다. 그쪽에서 정확히 이유를 설명하진 않았지만, 그는 고객이 자신과의 계약을 원하지 않는다는 걸 잘 알았다. 이미 2주 전부러 식사 약속을 잡았었지만 결국 상대 측에서는 보란 듯이 약속을 취소했다. 그날 혼자 밥을 먹고 퇴근하는 길에 갑자기 비까지 내려 그는 홀딱 젖은 몸으로 집에 돌아갔다.

다음 날 출근하자 동료는 어디서 소식을 들었는지 계약을 성사시키지 못하고 비에 홀딱 젖어 집에 돌아간 그의 일을 농담 삼아 이야기해 그를 난처하게 만들었다. 며칠 동안 광수는 그날 일 때문에 잠이 오지 않았다.

그의 동료 중에는 이 업계에 들어와 일한 지 3년 차 선배가 있었는데, 그는 외모도 출중하고 실적도 좋았다. 광수는 용기를 내서 그 선배에게 메시지를 보내 도움을 청했다. 선배는 고객이 계약하지 않는 건 그가 이제 갓 대학을 졸업한 사회 초년생으로 경력도 부족한데다 회사에서 힘도 없어 그다지 도움이 안 될 거라는 생각에 계약을 미루는 거라고 솔직히 말했다. 그렇지만 만일 계약을 한두 건이라도 성사시키거나 유명한 누군가의 추천을 받아오면 고객의 태도도 달라질 거라고 조언해주었다.

광수는 선배의 말을 듣고 자신을 돌아보았다. 그리고 자신이 다른 누군가를 위해 어떤 가치를 창출해낼 수 있는지를 고민했다. 그렇지만 지금은 한 걸음씩, 성실하게 일하는 것 외에 다른 방도가 없었다. 광수는 그날부터 열심히 내공을 쌓기 시작했다. 자신이 가치 있는 사람으로 변해야만 다른 사람에게 가치를 줄 수 있다는 사실을 깨달았고, 그래야만 직장에서 본인이 원하는 모습으로 성장할 수 있다고 믿었다.

능력 있는 사람, 유명한 사람과 인맥을 쌓고 싶다면 먼저 그 사람에게 당신의 가치를 보여줘야 한다. 그래야만 상대가 당신과 손을 잡는다. 아무것도 가진 게 없는 사람을 도와줄 때는 내 시간과 돈을 낭비한다는 생각이 든다. 그런 사람을 누가 기꺼이 돕겠는가.

훌륭한 인맥을 쌓고 싶다면 먼저 당신이 능력 있는 사람이 되도록 하자. 자기 자신에게 투자하여 스스로 강한 사람이 되어야만 귀인을 만날 수 있고 점점 당신만의 인맥이 쌓인다. 그러고 나면 과거에 인맥을 쌓기 위해 애썼던 행동들이 얼마나 어리석은 짓이었는지 깨닫게 될 것이다. 당신이 먼저 유능해지면 인맥은 알아서 당신을 향해 찾아온다.

'이용당하는' 사람이 되어라

'누군가에게 이용당하는 걸 두려워하지 마라. 이용당한다는 건 그만큼 가치가 있다는 뜻이다.' 최근 인터넷에서 유행한 이 말은 듣기에는 매우 거북하고 불편하지만 냉정하게 생각하면 맞는 말이다.

그 누구도 자신이 '이용당하는' 사람이 된다는 데 기뻐할 사람은 없다. 하지만 우리는 이 사실을 받아들여야 한다. 만일 당신이 '이용 가치'가 적은 사람이라면 사람들은 당신에게 큰 관심을 기울이지 않는다. 이건 '속물근성'이 아니라 '인지상정'이다. 길을 가다가 냄새나는 누더기를 입은 거지와 하하 호호 웃으면서 즐겁게 대화를 나누고 싶어 하는 사람이 얼마나 있겠는가. 사람들에게 더 환영받고 사랑받는 사람이 되려면 먼저 자신의 '이용 가치'를 높여야 한다.

인간관계는 서로의 이익을 기반으로 형성된다. 일반적으로 사람들은 서로의 '이용 가치'를 보고 관계를 맺는다. 공부를 잘하는 친구 곁에는 '공붓벌레'들이 모이는 법이다. 만일 그들에게 이것저것 알려달라고만 하고 당신은 아무런 가치를 주지 못한다면 그들은 당신을 멀리할 것이다.

전국시대에 주조周躁라는 연사가 있었다. 그는 제나라에 가서 벼슬자리를 하나 얻고 싶은 마음에 제나라의 벼슬아치인 친구 궁타宮他를 찾아가 말했다.

"자네가 제나라 왕께 이 몸이 제나라의 외교 신하가 되고 싶어 한다고 말 좀 해주게나. 제나라가 나에게 힘을 빌려주면 기꺼이 위나라로 가겠네."

그러자 친구 궁타가 말했다.

"그건 안 될 말이네. 그건 자네를 깎아내리는 것과 같은 처사일세. 자네가 위나라에서 관직 생활을 하는 것을 달가워하지 않는다는 사실을 인정하는 꼴 아니겠는가? 그런 사람을 제나라에서 어찌 중용하겠는가?"

주조는 마음이 다급해져서 그럼 어찌해야 하는지 방법을 물었고 이에 궁타는 다음과 같이 요령을 일러주었다.

"자신감 넘치는 모습으로 제나라 왕에게 가서 '위나라에 무엇을 바라십니까? 제가 위나라의 힘을 빌려 왕께서 바라시는 것을 만족시켜드리겠습니다'라고 말하게나. 그러면 제나라 왕은 자네가 위나라에서 영향력이 있는 인물이라 여길 것이고, 좋은 대우로 자네를 임용할 것이네. 그런 다음 자네가 그 힘으로 위나라에 가면, 위나라 왕도 자네가 제나라에서 권세가 있다는 것을 인정하고 자네를 깔보지 않을 것이네. 이렇게 하면 자네는 제나라 왕도 움직일 수 있고 위나라 왕도 움직일 수 있게 되지 않겠는가?"

많은 사람이 자신의 재능을 펼치지 못하는 현실을 원망하고 불평하면서 언제쯤 세상이 자신의 진가를 알아볼까 발을 동동거린다. 무엇으로 다른 사람의 시선을 끌 수 있을지 고민하는 사람은 드물다.

사실 사람은 저마다의 특기와 천부적인 재능을 지녔다. 그러나 모든 사람의 가치는 다른 사람의 '이용'을 통해서 발현된다. 그래서 사람들의 관심과 집중을 받지 못한다면 한 번쯤 스스로 '나는 사람들에게 뭘 해줄 수 있을까?'라고 물어보는 게 좋다.

인간관계 속에서 우리는 늘 나에게 유익한 사람들로부터 무언가를 얻어내려고만 한다. 반대로 나는 그들에게 어떠한 '이용 가치'를 줄 수 있는지, 무엇을 근거로 상대의 도움을 얻어낼 수 있을지는 고민하지 않는다. 그러나 '이용 가치'가 없는 사람은 그저 쓸모없는 존재로 여겨질 뿐이며 심지어 누군가의 눈에는 잘못 놓인 화병만큼이나 눈에 거슬리는 사람으로 느껴지기 마련이다. 우리는 자신을 부단히 계발하여 '이용당할 가치'를 끌어올려야 한다. 그렇다면 자신의 가치를 높일 방법에는 어떤 것들이 있을까?

첫째, 자신을 수련한다. 전문 지식을 발굴하고 기타 지식을 풍부하게 늘리도록 하자. 지식은 자아의 가치를 가장 잘 드러내는 통로다. 자신의 발전 공간을 부단히 늘려가면 사람들은 당신의 가치를 알아보고 마음을 열 것이다.

둘째, 다른 사람을 보며 끊임없이 배운다. 공자는 "세 사람이 함께 길을 걸으면 반드시 스승이 있다"라며 누구에게나 배울 점이 있다고 했다. 모든 사람은 자신만의 독특한 매력을 지녔다. 이를 겸손한 마음으로 보고 배우면서 자신의 부족함을 보완해 실력을 늘리는 노력이 필요하다.

셋째, 손해 보는 법을 배운다. 밑지는 장사로 시작해서 단골을 만들듯 지금의 손해가 장기적으로 보면 일종의 투자일 수 있다. 내가 손해를 보면 상대가 이득을 얻으니 결국에는 모두 반반씩 이득을 얻는 셈이다. 손해 보는 것도 복이라 생각하자.

'이용당할 가치'를 제공함으로써 더 많은 사람이 당신의 가치를 알게 되면 보다 많은 기회가 찾아온다. 사람을 사귀는 데만 급급하지 마라. 이런저런 사교모임에 참가하면서 명함을 돌리느라 정신없는 나날을 보내지 않아도 된다. 그보다 자신을 부단히 계발하고 '이용당할 가치'를 높이면서 당신에게 가치 있는, 서로의 가치를 교환할 수 있는 사람을 선택적으로 사귀도록 하자.

"침묵하라.

아니면 침묵보다 더 가치 있는 말을 하라."

철학자 피타고라스 Pythagoras

제5장

생각을 거치지 않고
말하는 사람들

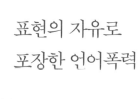

표현의 자유로
포장한 언어폭력

'군자는 말은 느리지만 행동은 빠르다君子欲訥于言而敏于行.' 《논어》에 나오는 구절로, 군자라면 자신의 소양을 기르고 말에 주의를 기울이되 행동은 영민해야 한다는 뜻이다. 이는 말을 내뱉을 때는 신중해야 하고, 마음에 있는 말을 걸러내지 않고 거침없이 쏟아내면 실수하기 마련이며 누군가에게 상처를 남길 수 있다는 가르침을 준다.

그런데 우리 주변에는 자기 생각을 걸러내지 않고 그대로 쏟아내는 사람들이 많다. 대부분은 남의 약점을 들추거나 폭로하는 내용을 내뱉는다. 그들은 그것에 '표현의 자유'라는 그럴듯한 왕관을 씌

우지만 사실 진정한 '표현의 자유'는 타인의 사생활과 명예에 대한 존중이 깔려 있어야 한다.

거침없이 생각을 내뱉는 행동은 일종의 '언어폭력'이다. 상대와 아무리 가까운 사이라 해도 말을 조심하지 않거나 자꾸 상대를 난처하게 만들면 좋지 않은 기억이 쌓인다. 언어폭력이 남기는 상처는 눈에 보이지 않지만 사람의 뼛속 깊은 곳까지 파고든다.

어느 날 밤, 한 산부인과 병실에서 고통에 몸부림치는 신생아의 울음소리가 들려왔다. 서둘러 병실로 향한 의료진은 경악을 금치 못했다. 이제 막 태어난 신생아의 얼굴이 황산으로 뒤덮여 눈과 코가 거의 녹아 없어진 상태였다.

경찰 수사 끝에 신생아에게 그런 악마 같은 짓을 저지른 사람은 다름 아닌 아이 어머니 A의 가장 친한 친구인 J로 밝혀졌다. J는 겉으로는 A와 매우 가까운 사이였지만 마음속에는 A를 향한 분노와 증오를 가득 품고 있었다.

사건의 진상은 이러했다. 몇 년 전, J는 아이를 출산했다. 아기는 비쩍 마르고 얼굴이 까매 볼품없었다. 그런 아기를 보고 A는 우스갯소리로 "어쩜 이렇게 못생긴 아이를 낳았느냐"고 농담을 했다. 그러면서 하얗고 예쁘장한 본인의 첫째 아기와 비교하며 일종의 우월감을 과시했다. 그날 J는 너무 큰 상처를 받았고 마음속에 A를 향한 분노가 차올랐다.

시간이 흐르고 A에 대한 J의 증오심은 점점 더 커졌다. 그로부터 3년 뒤. A가 둘째를 출산한 그날 밤, J는 의사로 변장해 산부인과로 들어가 범죄를 저질렀다. 한 기자가 수감 중인 J에게 "왜 신생아에게 그런 짓을 했느냐"고 묻자 그녀는 이렇게 대답했다.

"난 그냥 그 애에게 내가 겪었던 기분을 똑같이 느끼게 해주고 싶었어요. 다른 사람에게 상처를 준 대가가 어떤 건지 그 애도 알아야죠."

카메라 렌즈를 똑바로 바라보며 당당하게 말하는 J를 보면서 A는 할 말을 잃었다. A는 본인의 '솔직함'이 이런 결과를 가져오리라곤 꿈에도 생각하지 못했다.

만일 A가 조금만 더 말을 조심했더라면 이런 일이 벌어졌을까? A가 처음에 잘못했으니 J의 복수가 정당하다는 뜻이 아니다. 다만, 평소 언사에 주의를 기울이지 않으면 나와 상대, 결국 양쪽 모두에게 씻을 수 없는 상처를 남길 수 있다는 사실을 기억하길 바란다. 한순간의 말실수로 누군가에게 돌이키기 힘든 상처와 아픔을 남겨서는 안 된다.

요즘은 뚱뚱한 사람들이 자주 놀림의 대상이 된다. 심지어 학교에서도 선생님이 체격 좋은 친구들을 동물과 연관 지어 수업 시간에 다른 학생들 앞에서 놀림을 주거나 수치심을 안겨준다. 이런 경험이 있는 학생들은 성인이 되어서도 심한 열등감에 시달리고 고통스러워한다. 절대로 있어서는 안 될 일이다.

상황이 너무 급해서 곰곰이 생각할 새 없이 내뱉은 말이 누군가에게 상처를 주었다면 진심으로 사과해야 한다. 이때 '고의가 아니었다', '우리 사이에 그 정도 말은 그냥 넘어갈 수 있지 않냐' 따위의 말은 하지 마라. 사과는 물론이고, 생각 없이 뱉은 말이 어떤 후폭풍을 몰고 오는지 정확히 알고 앞으로는 그런 실수를 저지르지 않도록 조심하고 또 조심해야 한다.

사람은 생각과 감정을 지닌 존재다. 다른 누군가의 비웃음이나 멸시, 능욕 앞에서 괜찮은 사람은 없다. 다만 누군가는 그걸 회피하고 모른 척하지만, 누군가는 마음속에 담아두었다가 어떤 사건을 계기로 폭발하게 된다. 스스로 조금 더 내실 있는 사람이 되도록 시간을 투자하자. 지혜를 키우고 심성을 가다듬어 공자 선생이 말했던 '군자'가 되기를 바란다.

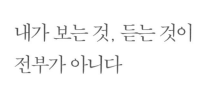

내가 보는 것, 듣는 것이
전부가 아니다

충동은 마귀와도 같다. 안타깝게도 사람들은 종종 그 마귀에게 홀려 일순간의 충동으로 예상치 못한 결과들을 만들어낸다. 그런 사람들은 평소에 감정을 잘 조절하여 무엇이 옳고 그른 것인지를 분별한 다음 결론을 내리는 훈련을 해야 한다.

《서유기》는 중국에서는 당연하고, 한국에서도 손오공 이야기로 유명한 작품이다. 그중에서도 〈삼타백골정三打白骨精〉 이야기는 제작자들에게 큰 사랑을 받아 수많은 버전으로 각색되어 영화와 드라마로 만들어졌다.

이야기 속에서 요괴 백골정은 저팔계와 사오정이 삼장법사의 옆을 지키는 것을 보고 남편에게 점심 도시락을 가져다주는 젊은 시골 여인으로 변신하여 접근한다. 마침 복숭아를 따러 갔던 손오공이 돌아와 백골정의 변신을 간파하여 공격하고 백골정은 가짜 시체를 남기고 도망간다. 진상을 모르는 삼장법사는 손오공이 살인한 줄로 알고 다짜고짜 긴고주(삼장법사가 손오공의 머리테를 조이는 데 쓰는 주문-옮긴이)를 외워 처벌한다.

이 장면을 본 사람들은 삼장법사가 앞뒤 사정도 제대로 알지 못하면서 무조건 손오공을 처벌부터 한다고 분통을 터트린다. 그런데 여기서 '당신은 살면서 그런 적이 없었느냐'고 묻는다면 자신 있게 대답하기 어려울 것이다.

한 아버지가 새 자동차를 한 대 구매했다. 누가 봐도 멋진 자동차였다. 회색빛의 차체는 내리쬐는 햇살 아래서 더욱 빛났다.

하루는 잠깐 낮잠을 자고 일어난 아버지가 돌멩이로 자동차 문에 뭔가를 끄적이고 있는 아들을 발견했다. 놀란 그는 한달음에 달려가 호통을 치며 아들을 밀쳐냈고 그 바람에 아이는 바닥에 고꾸라졌다. 그런데 가까이서 아들이 쓴 내용을 보고 그는 무언가에 한 대 얻어맞은 사람처럼 멍해졌다. 차에는 '아빠 사랑해요'라는 글자가 삐뚤

빼뚤, 정성스레 쓰여 있었다. 왈칵 차오르는 눈물을 닦으며 그는 바닥에 넘어진 아이를 부랴부랴 일으켜 세웠다. 아이의 팔뚝에서 피가 뚝뚝 흐르고 있었다.

아버지는 후회로 가득한 가슴을 부여잡고 아이를 안은 채 병원으로 내달렸다. 그날 이후로 그는 아들이 자동차에 무슨 낙서를 해도 화내지 않았다. 비록 차량은 더럽게 얼룩졌지만, 그는 자신을 향한 아들의 사랑 표현에 그저 감사하고 행복했다.

이 이야기 속 아버지가 충동적으로 아이를 밀쳐내지 않았다면 아이가 다치는 일도 없었을 것이다. 아이가 크게 다치지 않았으니 다행이지, 그렇지 않았다면 아버지는 평생 자책하며 괴로운 나날을 보냈을 것이다.

우리도 살다 보면 이런 일을 많이 겪는다. 대부분은 감정을 잘 통제하지 못하고 앞뒤 사정을 잘 알아보지 않은 채 성급하게 결론을 내리다가 일어난다. 어떤 일이 발생했을 때 그 순간 당신이 보았거나 들었던 일부의 정보로만 결단을 내리고 판단하면 나중에 후회 가득한 결과를 가져올 가능성이 크다.

이런 일을 막으려면 어떻게 해야 할까? 어쩔 수 없는 경우들이 분명히 존재하지만, 대부분 충분한 시간을 가지고 생각해보면 사건의 전말을 잘 파악할 수 있다. 그러니 일순간의 충동에 휩싸인 '마귀'가 되지 않도록 스스로 경계해야 한다.

한 부부의 집에 남편의 친구가 놀러 왔다. 친구는 무슨 일인지 얼굴빛이 좋지 않았다. 게다가 그날따라 밖에 많은 비가 내렸고 친구는 온몸이 흠뻑 젖은 채로 신발에 진흙을 잔뜩 묻히고 들어왔다. 설상가상으로 그가 연신 담배를 피워댄 탓에 온 집 안에 뿌연 담배 연기로 가득했고, 집에서 키우는 고양이까지 여기저기 뛰어다니면서 어질러놓아 정신이 없었다.

비가 그치자 친구는 인사를 하고 떠났다. 심기가 불편한 아내가 남편에게 잔소리를 퍼부으려던 찰나, 남편이 웃으며 너스레를 떨었다.

"집은 내가 금방 치울게. 다 치우고 나서 저녁 식사 차릴 테니 조금만 기다려줘요."

그는 금세 집을 깨끗하게 정리하고 맛있는 저녁상을 차려냈다. 친구의 일은 언급하지 않았다. 아내는 화가 났지만 이미 집을 깔끔하게 치우고 요리까지 해낸 남편에게 더는 말을 얹지 않았다.

며칠이 지나고 그 친구가 다시 와서 두 사람에게 감사의 인사를 전했다. 그날 실제로 안 좋은 일이 있었는데 부부에게 많은 위로를 받았다고 했다. 친구가 가고 나서 아내는 남편에게 물었다.

"그런데 당신, 그날 왜 나한테 아무 말도 안 했어?"

그러자 남편이 웃으며 대답했다.

"말해서 뭐 해. 싸움밖에 더 나겠어? 그러면 차라리 아무 말 안 하는 게 낫지."

실제로 일상에서 일어나는 여러 말다툼이나 싸움은 사소한 일에서 비롯된다. 남편은 아내가 원망과 불평을 더 쏟기 전에 바로 행동했고, 부인 역시 충동적으로 화를 내지 않았다. 시간이 흘러 친구의 사정을 알게 된 부인은 그날 더 화내지 않아 참 다행이라고 생각했다. 그렇지 않았다면 부부싸움을 피할 수 없었을 것이다.

사람들과 소통을 할 때 조금만 더 서로를 이해하기를, 어떤 사건을 바라볼 때 조금만 더 생각하기를, 앞뒤 사정을 이해한 뒤에 결론을 내리기를 바란다. 당신이 보는 것, 듣는 것이 전부가 아니다. 일부분에 기대어 성급한 결론을 내린다면 오해는 자연스레 많아질 수밖에 없다. 어떤 일이 일어났을 때 앞뒤 사정을 충분히 이해한 다음 결론을 내리는 연습을 하자. 그래야만 나중에 후회하며 땅을 치는 일이 많이 줄어든다.

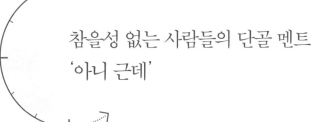

참을성 없는 사람들의 단골 멘트
'아니 근데'

성격 급한 사람들은 '아니 근데', '잠깐만, 그게 아니라' 같은 말들로 대화 도중 상대의 말을 자꾸 끊는다. 그러고서 상대가 아직 말을 다 마치기도 전에 본인의 생각대로 결론을 지어버리고는 결과가 좋지 않으면 상대 탓을 해버린다.

세계2차대전 당시, 미군은 아주 위험한 임무를 맡게 되었다. 사령관 브래들리 장군은 병사들을 모아 한 줄로 세워놓고 물었다.

"이 임무를 맡아서 하고 싶은 사람이 있다면 2보 앞으로 나오기 바란다."

그때 마침 한 참모가 브래들리 장군에게 급한 전보를 보고하며 빠른 처리를 부탁했다. 일을 처리하고 고개를 들어 다시 병사들을 보니 아무도 앞으로 나오지 않아 조금 전과 똑같은 대열을 유지하고 있었다.

"지원자가 아무도 없단 말인가!"

그중 한 병사가 입을 열었다.

"충성! 사령관님, 보고드립니다⋯."

그는 화를 내면서 그의 말을 잘랐다.

"입 다물게나! 나약한 겁쟁이들 같으니라고. 지금 같은 위기 상황에서 지원자가 하나도 없다니. 군인으로서 부끄럽지도 않은가!"

그는 병사들을 따끔하게 훈계했고 현장에는 살얼음판 같은 긴장감이 감돌았다. 그 순간 말을 꺼내려다 저지당한 병사가 다시 입을 열었다.

"충성! 사령관님, 제 말을 끝까지 들어주십시오. 사실 방금 모든 병사가 똑같이 앞으로 2보 전진했습니다. 그래서 똑같은 대열을 유지하고 있었던 것입니다!"

그 말을 들은 브래들리는 창피함에 어디에 눈을 두어야 할지 몰랐다.

다른 사람이 상황을 설명하고 있을 때 갑자기 중간에 끼어들거나 말을 끊지 마라. 이는 상대를 존중하지 않는 무례한 행동으로, 습관이 되면 인성에도 영향을 미친다. 이런 대화 습관을 지닌 사람은 늘 본인이 최고라고 착각하고 상대를 배려하지 않으며 존중하지 않는다.

친구와 어떤 화제에 관해 대화 중이라고 가정해보자. 친구가 한창 열을 올리며 자기 생각을 얘기하고 있는데 갑자기 다른 생각이 떠올랐다고 해서 급하게 말을 끊거나 당신 얘기를 해서는 안 된다. 그럼 잘 진행되던 대화도 순식간에 찬물을 끼얹은 것처럼 분위기가 싸해진다. 어쩌면 상대의 말을 끊는다고 해서 그가 화를 내거나 불쾌함을 직접 표현하지 않을 수도 있다. 그러나 당신에 대한 호감도는 줄어들 것이다.

어린 아들을 키우던 한 엄마가 있었다. 그녀는 평소 자신이 아이를 잘 키우는 좋은 엄마라고 생각했다. 어느 날, 아들을 시험하기 위해 사과를 접시에 담아 가져다주었다. 엄마는 아들이 사과를 건네받으면 먼저 자기에게 줄 거라고 굳게 믿었다. 하지만 아들은 엄마 쪽으로 쳐다보지도 않고 크게 사과를 한 입 베어 물었다.

왠지 모를 배신감에 상처받은 엄마는 아들에게 크게 화를 내며 욕심이 많고 이기적이라며 혼을 냈다. 아들은 억울하다는 듯한 얼굴로 엄마에게 대답했다.

"엄마, 이거 드셔보세요. 제가 먼저 한 입 먹어봤는데 엄청나게 달아
요!"

순간 엄마의 눈에 눈물이 차올랐다.

누군가와 대화를 나눌 때 우리는 가끔 참을성 없이 상대를 속단
하거나 상대가 본인이 생각하는 '정답'을 얘기하지 않으면 실망한
다. 하지만 조금 더 시간을 가지고 상대의 말을 진지하게, 끈기 있게
끝까지 듣다 보면 거기에서 생각하지 못했던 또 다른 답안을 찾아
낼 수도 있다.

상대의 말을 끝까지 잘 들어주는 게 힘들다면 입장을 바꿔서 생
각해보자. 당신이 얘기할 때 자꾸만 상대가 당신의 말을 끊거나 다
른 얘기를 한다면 기분이 어떨까? 민망하거나 화가 날 것이다. 또 상
대가 다른 사람을 배려해주지 않는 이기적인 사람으로 보일 것이다.
그렇다면 반대로 자꾸만 말을 끊는 당신을 상대는 뭐라고 생각할까?

역지사지는 인간관계에서 꼭 필요한 덕목이다. 상대의 말이 끝날
때까지 기다려주는 것은 그 사람에 대한 존중이자 배려이며 상대를
이해하는 시작점이다. 그러한 행동을 통해 당신도 여유롭고 부드러
운 품성을 길러낼 수 있으니, 그야말로 일석이조 아니겠는가?

다른 사람의 잘못을
그냥 지나치지 못하는 성격

다른 사람의 잘못에 아무 말 없이 지나가는 사람이 있는가 하면 득달같이 달려들어 이게 틀렸네, 저게 잘못됐네 지적하는 사람이 있다. 그런데 분명히 알아둬야 할 사실이 있다. 누군가의 잘못을 적나라하게 지적하면 상대는 당신에게 고마워하기는커녕 오히려 당신을 미워하고 원망하게 된다. 게다가 그런 지적을 들었다고 해서 그것을 바꾸려고 노력하기보다는 당신의 무례함과 무정함에 서운함을 느끼고 불만을 토로할 것이다.

그러니 다른 사람의 실수나 잘못을 발견했다면 시간과 장소, 일의 경중을 잘 고려하고, 상대가 당신의 말을 잘 받아들일 수 있을지를 생각한 다음에 조심스레 말을 건네는 게 좋다.

영국 왕실의 에드워드 8세가 연회를 열며 인도에 사는 한 부락의 수장을 초대한 일이 있었다. 연회가 시작되기 전, 하객들에게 손을 씻을 수 있는 그릇이 전달되었다. 인도 손님은 은으로 만들어진 예쁜 그릇 안에 깨끗한 물이 들어 있는 것을 보고 당연히 마실 물이라고 생각해 한 번에 들이켰다.

마침 옆에서 음식을 나르던 시종이 그 모습을 보고 언질을 줄까 말까 망설이던 중 에드워드 8세와 눈이 마주쳤다. 그는 태연한 얼굴로 옆에 있는 하객들과 웃으면서 이야기를 나누다 본인 앞에 놓인 손 씻는 물을 방금 인도 손님이 했던 것처럼 자연스럽게 마셨다. 그 모습을 본 귀족들은 똑같이 그를 따라 했다. 난감하기 그지없던 상황은 그렇게 아무 일 없던 것처럼 지나갔다.

모든 실수나 잘못을 꼭 짚고 넘어갈 필요는 없다. 실수를 지적하는 것보다 상대의 체면을 살려주는 것이 더 중요할 때도 있다. 물론 모든 실수를 '아름답게 무마'할 수 있는 건 아니다. 그러나 아무리 큰 실수라도 완곡한 표현으로 지적해 상대가 똑같은 실수를 저지르지 않도록 도와주면 그걸로 충분하다. 이럴 때는 다음의 세 가지 방법을 추천한다.

첫째, 암시한다. 말 그대로 간접적인 방법으로 상대가 자신의 실수를 알아차리도록 한다. 이렇게 하면 상대가 스스로 자신의 실수를 자각해 고칠 수 있고 체면도 살려줄 수 있다.

둘째, 힌트를 준다. 연관 있는 어떤 사물을 통해 상대가 자기 과실을 알아채도록 돕는 것이다. 예를 들어 수업에 집중하지 않는 학생이 있다면 교사는 그 학생의 이름을 직접 호명하기보다 옆 짝꿍에게 질문을 던져 대답하게 함으로써 경각심을 일으켜 잘못을 깨닫게 할 수 있다.

셋째, 따로 불러서 이야기한다. 공개된 장소가 아닌 개인적인 장소에서 얘기를 나누면 상대의 체면을 살리면서 잘못을 직접 얘기할 수 있다.

제철소를 운영하는 찰스는 어느 날 자신의 회사를 둘러보던 중 몇몇 직원이 모여서 담배를 피우는 모습을 발견했다. '회사 안에서는 금연' 안내문이 곳곳에 붙어 있었지만 직원들은 그것을 모른 척, 못 본 척했다.

직원들을 보고 찰스는 어떻게 했을까? 무섭게 혼을 냈을까? 아니면 사람들 앞에서 보란 듯이 망신을 주었을까? 그것도 아니면 '흡연 금지'라는 팻말을 직원들 눈앞에 들이밀었을까? 만일 이런 방법을 사용했더라면 직원들은 무안하여 찰스의 뒷담화를 했을지도 모른다.

찰스는 그렇게 하지 않았다. 그는 직원들에게 소리 없이 다가가 담배를 한 개비씩 나눠주며 말했다.

"우리 밖에 나가서 필까요?"

당연히 직원들은 그와 함께 밖으로 나가지 않았다.

"죄송합니다. 공장 안에서는 금연이라는 사실을 깜빡했습니다."

직원들은 황급히 담뱃불을 끄고 자신의 위치로 돌아가 계속 일을 했다. 하지만 그들의 심경이 얼마나 복잡했을지는 가늠할 수 있다. 잘못을 저질렀다는 자책과 함께 벌을 받지 않았다는 안도감, 그리고 찰스를 향한 감사와 존경 등 복합적인 마음이 들었을 것이다. 그리고 분명 그 후로 똑같은 잘못은 저지르지 않았을 것이다.

같은 일이라도 사람마다 처리하는 방식이 다르다. 100명의 사람이 있다면 100개의 처리 방식이 있다. 그렇지만 목적은 단 하나, 상대가 자신의 실수와 잘못을 스스로 깨닫게 하는 것이다.

누군가를 질책하기 전에
기억할 것

살면서 단 한 번도 질책을 받아보지 않은 사람은 없다. 부모든 선생님이든, 상사든 친구든 당신을 둘러싼 지인들에게 한 번쯤은 받아봤을 만한 것이 바로 질책이다. 어쩌면 당신도 조금 전까지 누군가를 질책했을 수 있다.

그런데 묻고 싶다. 다른 사람을 질책할 때 당신은 정말 '적절한' 방법을 사용했는가? 누군가를 질책한다는 건 그 사람이 저지른 실수나 잘못에 의견을 주어 그가 자기 잘못을 깨닫고 다시는 같은 실수를 반복하지 않게 돕는 데 의미가 있다. 물론 질책의 전제는 '상대가 잘못을 저질렀을 때'다.

당신은 상사 혹은 선배로서 올바른 방법으로 상대를 질책하고 인도하였는가? 질책할 때 가장 중요한 건 바로 시간과 장소다. 적당한 시간과 장소를 찾아서 지적하고 비난해야만 최고의 효과를 볼 수 있다.

입사한 지 얼마 되지 않은 신입사원 H는 회사 상사들 앞에서는 비교적 신중하고 조심스러운 태도를 보였다. 그러나 회사 업무가 아직 손에 익지 않은 탓에 자주 사소한 실수를 저지르곤 했다.

"입사한 지 벌써 일주일인데 왜 아직도 이런 수준의 실수를 하는 거야? 대학교에서 배운 건 다 화장실 변기통에 갖다 버렸어? 선배들한테 가서 좀 적극적으로 물어보고 싹싹하게 굴면 더 많이 배울 수 있을 거 아니야! 대체 뭐가 그리 부끄러워?"

온 직원이 다 보는 앞에서 상사에게 크게 혼이 난 H는 힘이 빠져 고개를 푹 숙이고 터덜터덜 사무실을 빠져나갔다. 사람들은 그가 조용한 곳을 찾아 생각을 정리하고 오겠거니 생각했다. 그리고 10분 뒤, 그 누구도 상상하지 못한 일이 일어났다.

"옥상에서 누가 뛰어내렸어요!"

회사 건물 전체가 발칵 뒤집혔고 이내 구급차 사이렌 소리가 들려왔다. 상사는 벌떡 일어나 고개를 돌려 텅 빈 H의 자리를 창백한 얼굴로 쳐다보았다.

누군가를 꾸짖을 때 가장 중요한 건 상대가 그것을 받아들이고 잘못을 스스로 깨닫게 하는 것이다. 상대를 능욕하고 모욕감을 주는 게 목적이어서는 안 되므로 다음과 같은 점을 주의해야 한다.

첫째, 상대의 심리적인 수용 능력을 살펴봐라. 그래야 상대가 당신의 의견을 더 잘 받아들이고 부정적인 결과를 초래하는 걸 피할 수 있다. 지적이나 비난을 하기 전에는 먼저 언질을 주어 상대가 마음의 준비를 할 수 있게 해야 한다. 그다음 당신의 의견을 말해야 상대가 갑작스럽게 '공격받는다'라는 느낌을 받지 않는다.

둘째, 상대가 스스로 반성할 시간을 충분히 준 다음에 적당한 비판을 하라. 특히 단어 사용에 주의해야 한다. 상대의 자존심을 건드려서는 안 되고 지나치게 상대를 자극해서도 안 된다. 욕설을 사용하는 건 더더욱 안 된다. 보통 지적하는 사람은 상대보다 높은 위치에 있는 존재라서 상대는 지적을 들을 때 상당히 위축된 상태다. 더군다나 질타를 받는 상황이라면 훨씬 더 큰 자책감에 시달리고 좌절할 수 있다는 걸 기억하라.

셋째, 장소에 주의를 기울여라. 상대의 잘못을 발견했다고 해도 사람이 많은 곳에서 직접 비난을 가하면 반항심과 적개심, 보복심 등의 부정적인 심리를 자극할 수 있다. 먼저 상대의 잘못을 간접적으로 언급하고 나중에 사적인 장소에서 따로 얘기해도 된다. 그러면 상대의 마음을 배려하고 인격적으로도 존중해줄 수 있으므로 감정적인 상처를 덜 주게 된다.

질책은 훈계를 바탕으로 의견을 제시하는 것이다. 그래서 시간과 장소를 잘 골라야 한다. 공공장소에서 가하는 질타는 언어폭력이 되어 상대에게 깊은 상처를 남긴다. 시간과 장소를 잘 골라서 훈계하는 사람이 진정 훌륭한 상사나 선배로 남는다. 또 그래야만 질책의 참된 목적에 이를 수 있으며 상대에게도 존중받을 수 있다.

부정하기 전에
먼저 긍정하라

다른 사람의 말에 우리가 보이는 반응은 보통 두 가지로 나뉜다. 긍정하거나 혹은 부정하거나. 긍정적인 반응에 사람들은 당연히 기뻐하지만, 부정적인 반응에는 대다수가 불쾌함을 느낀다. 상대의 생각을 부정하고 싶을 때, 혹은 상대가 당신의 의견을 더 잘 수용하도록하고 싶다면 부정이 아닌 긍정을 먼저 해야 한다.

미국의 한 담배 암거래상이 프랑스로 건너가 장사를 시작했다. 하루는 그가 파리의 한 시장에 있는 무대 위에서 담배의 효능을 침이 마르도록 설명하는데 갑자기 한 노인이 등장해 성큼성큼 무대 위로 올라왔다. 미리 마음의 준비를 할 새도 없이 노인이 등장해 상인은 흠칫 놀랐다. 노인은 말할 기회를 주지 않으면 절대 내려가지 않겠다는 표정으로 상인을 한 번 보고는 큰 소리로 말하기 시작했다.

"여러분! 담배의 효능은 방금 이분이 말한 것 말고도 세 가지가 더 있습니다. 제가 하는 말을 들어주시겠습니까?"

노인의 말에 그는 기쁨을 감추지 못하고 감사의 인사를 전했다.

"아이고! 감사합니다, 어르신. 보아하니 말씀도 잘하시고 풍기는 분위기도 범상치 않은 것이 분명 학식이 뛰어난 분 같습니다. 담배의 좋은 점을 어서 더 설명해주시지요!"

노인은 미소를 띤 채 말을 이어갔다.

"첫째, 개는 담배 피우는 사람을 보면 무서워서 바로 도망갑니다."

그의 말을 경청하던 사람들은 의아하다는 표정을 지었지만 상인은 여전히 즐거운 얼굴이었다.

"둘째, 담배 피우는 사람이 있는 집에는 도둑이 들어가지 못합니다."

사람들은 여전히 이상하다는 표정을 지었으나 상인은 뭐가 그리 좋은지 계속 웃는 얼굴이었다.

"셋째, 담배 피우는 사람은 영원히 젊음을 유지합니다!"

사람들은 말도 안 된다며 웅성거렸지만 상인은 미소를 지은 채 의기

양양한 자세까지 취했다. 노인이 이어서 손을 휘저으며 말했다.

"여러분! 조용히 해주십시오. 이제 이 세 가지가 왜 좋은지 설명해드리겠습니다!"

상인은 신이 나서 그를 부추겼다.

"선생님, 빨리 말씀해주시지요!"

"첫째, 애연가 중에는 등이 굽은 사람이 많습니다. 개들은 그런 사람을 보면 자신을 돌로 칠 준비를 하고 있다는 생각에 냅다 줄행랑을 칩니다!"

사람들은 웃었고 상인은 당황했다.

"둘째, 담배 피우는 사람들은 밤에도 기침이 멈추지 않습니다. 그러니 도둑이 집에 들어왔다가 기침 소리에 놀라 물건을 훔치지 못하고 바로 달아나는 겁니다!"

사람들은 크게 웃었고 상인은 식은땀을 흘렸다.

"셋째, 애연가 중에 장수하는 사람은 거의 없습니다. 그러니 영원히 젊음을 유지할 수 있지요!"

사람들은 박장대소했다. 상인이 정신을 차리고 살펴보니 노인은 언제 사라졌는지 모습을 감추고 없었다.

노인은 먼저 흡연의 효능을 열거해 상인을 안심시키고는 그 이유를 설명했다. 그제야 사람들은 흡연의 좋은 점이 하나도 없다는 걸 다시 한번 알아챘고 아무도 담배를 사지 않았다.

이렇듯 교묘한 비난은 그 말속에 숨은 풍자나 칭찬의 효과를 더욱 두드러지게 한다. 무언가를 부정하기 전에 긍정하는 것은 교묘한 비난의 효과를 더하고, 동시에 상대가 당신의 의견을 더 잘 수용하도록 만든다. 만일 어떤 사람이나 사물의 나쁜 점을 꼬집고 싶다면 먼저 직접적으로 질책하기보다는 '좋은 점'을 열거하도록 하라. 그다음 사람들이 그 저의를 궁금해할 때쯤 그 '좋은 점'의 위험성을 늘어놓음으로써 '찬사'를 질책으로 바꿔보자.

서경은 한 광고 회사의 기획을 담당하고 있다. 하루는 상사가 그녀에게 중요한 기획 프로젝트 기획안을 작성하도록 지시했다. 그녀는 3일 밤낮 없이 일한 끝에 마침내 기획안을 작성해 보고를 올렸지만, 반려당했다.

그 말인즉슨 그 기획안은 '실패'니 다시 작성해야 한다는 뜻이었다. 피곤함에 지친 서경을 보며 상사는 이렇게 말했다.

"자네가 작성한 기획안은 아주 신선하고 좋았어. 디자인도 독특해서 창의성이 느껴졌네. 하지만 이번 프로젝트는 자네가 기획한 것과 안 맞는 부분들이 조금 있어. 자네 기획안을 완전히 버리자는 게 아니라 잠시 보류해놓고 다른 기획안을 추진해보자는 거야. 이번 기획안은 적절한 시기를 봐서 다시 추진해보자고."

기획안이 통과되진 않았지만 상사에게 긍정적인 피드백을 들은 서경은 지난 3일 동안 고생한 게 그래도 보람 있었다는 생각에 다시 힘을 내서 새로운 기획안을 작성할 수 있었다.

똑같은 거절이라도 그녀가 절망과 번뇌에 빠지지 않을 수 있었던 이유는 상사가 먼저 그녀의 노력과 고생을 인정해주었기 때문이다. 상사는 후배의 기획안을 부정하기 전에 먼저 후배가 작성한 보고서의 장점을 인정해주었다. 그러면서도 마지막에 이번 기획안은 사용할 수 없다는 걸 명확히 밝혔다. 단지 몇 가지를 인정해주고 긍정해주었을 뿐인데 후배는 현실을 담담히 받아들였고 다시 자신감을 가지고 새로운 기획안을 작성했다.

부정하기 전에 먼저 긍정하는 것은 상대의 마음에 하나의 지지대를 마련해주는 것과 같다. 그 긍정의 지지대가 튼튼하다면 아무리 부정당해도 넘어지지 않고 꼿꼿이 서 있을 수 있다.

화내기 전에
딱 3분만 생각하기

분노는 일종의 감정이다. 화를 밖으로 드러내는 것은 분노감을 해소하는 방법 중 하나다. 그러나 분노를 제대로 조절하지 못하면 화내는 것 말고는 할 줄 아는 게 없는 사람으로 보일 수 있다. '화를 내면 EQ(감성지수)가 낮아진다'는 말이 있다. 그렇다면 어떻게 해야 EQ를 높일 수 있을까? 어떻게 하면 적절한 자기 통제를 통해 화를 내기 전에 분노를 잠재울 수 있을까?

수년 전, 스탠더드오일의 고위 임원인 크리스티가 잘못된 결정을 내리는 바람에 회사에 무려 200만 달러의 손실을 입혔다. 이는 창립 역사상 전례 없던 손실 규모였다. 이 소식이 사내에 퍼지자 다른 임원들은 모두 불안에 떨면서 갖은 핑계를 대며 록펠러 회장과의 만남을 피했다. 혹여나 자신에게 불똥이 튈까 봐 두려워서였다.

그러나 회사 원로 에드워드 베드포드는 그러지 않았다. 그는 말도 안 되는 황당한 이유를 들면서 만남을 미루거나 취소하지 않았다. 오히려 록펠러 회장의 불호령과 장황한 훈계를 들을 마음의 준비를 단단히 마친 상태였다.

"오셨군요."

그런데 록펠러는 화를 내지 않았다. 대신 본인 앞에 놓인 종이에 무언가를 쓰면서 매우 평온한 목소리로 물었다.

"크리스티 대신 혼나러 오신 건가요? 회사가 엄청난 손실을 입었다는 얘기는 이미 들으셨지요?"

"네, 잘 알고 있습니다."

에드워드는 솔직하게 대답했다. 그러고는 다음 장면을 상상했다. 방금까지 평온했던 록펠러가 갑자기 얼굴색을 바꿔 무섭게 책상을 내리치며 포효하듯 소리치는 모습을 말이다.

"제가 오랫동안 생각해봤는데요."

생각했던 것과는 달리 록펠러는 여전히 평온하고 침착한 목소리로 말을 이어갔다.

"어떻게 해야 제 분노의 감정을 잘 다스릴 수 있을지 생각해봤어요. 그리고 방법을 찾아냈어요. 제가 크리스티와 이번 일에 관해 나눌 이야기를 글로 작성해봤는데, 혹시 보충할 건 없을지 한번 봐주시겠어요?"

에드워드는 몇 장의 종이를 건네받았다. 그러나 내용이라고는 맨 첫 페이지에 적힌 몇 글자가 전부였다.

'당신의 기획안은 잠시 보류하겠습니다. 이후에 적당한 때에 다시 시행하도록 하죠.'

점점 빠르게 변하는 사회 속에서 우리가 받는 스트레스도 점점 심해지고 있다. 이런 환경 속에서 살다 보면 화를 참기 힘든 사람이나 일을 만날 수밖에 없다. 이때 감정을 잘 조절해서 '폭발'하는 상황을 피할 수 있다면 뜻밖의 행운을 마주하겠지만, 현실은 녹록지 않다. 그렇다면 감정이 잘 다스려지지 않을 때는 어떻게 하면 좋을까?

첫째, 깊게 심호흡을 하자. 깊은숨을 들이마시고 내쉬면 긴장한 신경을 이완시킬 수 있고 이로써 화를 냈을 때 잃게 될 것들을 충분히 예상할 수 있다. 몇 차례 심호흡을 하다 보면 마음속 분노를 잠재우는 데 큰 효과를 볼 수 있다.

둘째, 조용히 앉아서 혼자 생각할 수 있는 장소를 찾아라. 편안하게 앉아서 차를 마시거나 책을 보면서 당신을 불쾌하게 만들었던 일을 잠시 잊어보자.

이외에도 분노를 배출하는 방법은 다양하다. 스트레스를 받았을 때 쇼핑을 하듯 일상에서 자신이 좋아하는 방법을 찾아 그 감정을 '분배'하는 시간이 필요하다. 가장 흔한 방법으로는 운동이나 드라이브, 조깅 등이 있다. 무엇보다 쉽게 화내는 사람이 되지 않으려면 화를 내기 전 자신에게 3분의 시간을 주도록 하라. 그럼 신기하게도 이 잠깐의 시간 동안 마음속 분노와 화를 누그러뜨릴 수 있다.

섣부르게
약속하지 마라

자기 능력을 보여주기 위해 정확히 상황을 파악하지도 않은 상태에서 무조건 "걱정 마세요. 제가 알아서 할 테니 저한테 맡기고 마음 놓으세요"라며 호언장담하는 사람들이 있다. 일이 원만하게 해결된다면야 다행이지만, 만에 하나 사고라도 터져 제대로 일을 마무리할 수 없을 때는 그동안 기울인 노력이 물거품으로 돌아가고 당신의 위신도 땅에 떨어진다.

어떤 일을 100% 정확히 파악하지 못한 상황에서는 성급히 약속하거나 장담하면 안 된다. 예를 들어 상사가 다소 어려운 일을 맡기면서 "문제없겠는가?"라고 물었을 때 당찬 포부를 안고 무조건 "괜찮습니다. 문제없습니다!"라고 대답했다고 하자. 그런데 며칠 뒤 다시 상사가 일의 진척 상황을 물어봤을 때 그제야 머뭇거리면서 "죄송합니다. 생각보다 훨씬 어려워서요…" 하며 망설인다면 상사는 당신 앞에서는 아무 말 하지 않더라도 마음속으로는 당신을 허세 가득한 사람이라고 생각할지 모른다.

지나친 자신감은 능력이 아니라 일종의 자만이자 자신에 대한 과대평가다. 설령 일을 순조롭게 마칠지라도 '완전 보장'식의 말은 하지 않는 게 좋다. 만에 하나 무슨 일이라도 생기면 뒤로 물러날 길 하나 없는 매우 곤란한 상황에 빠질 수 있다. 다소 불확실한 단어나 어휘를 사용하면 당신을 향한 사람들의 기대를 낮추는 동시에 그 일에 대한 당신의 신중함을 드러낼 수 있다. 기대가 크면 실망도 큰 법이다.

그러나 일단 약속한 상황이라면 어떤 어려움이 생기더라도 포기하지 말고 그 약속을 이행해야만 한다.

광서光緒 3년, 어느 강에 있는 오래된 나루터에 기근을 피해 만 씨 일가가 피난을 왔다. 만 씨 일가는 촌민의 배려와 이웃들의 도움으로 그곳에 밭을 일구고 터전을 잡았다.

가장인 만 씨는 어릴 때부터 물을 다루어 물의 성질과 속성을 매우 잘 알고 있었다. 그는 집 앞에 있는 협곡에 사람들이 자주 와서 물을 길어가는 걸 보았지만 그들을 실어 나르는 커다란 나룻배가 하나도 없다는 사실을 발견하고는 가족들과 상의해 10명 정도를 태울 수 있는 큰 나룻배를 만들었다.

그리고는 그 배를 공용 나루터에 두고 자기 가족을 받아준 촌민들에게 보답하는 마음으로 사람들을 태우고 날랐다. 그는 가족들에게 향불이 꺼지지 않는 한 촌민들을 위해 계속 노를 젓겠노라고 약속했다. 이 소식을 전해들은 마을 관료는 근근이 생활을 이어가면서도 착한 일을 하는 만 씨 일가를 위해 여섯 마지기의 땅을 하사했다.

시간은 쏜살같이 흘러 100여 년의 시간이 지났지만 만 씨 일가는 계속해서 그 약속을 지켜나갔다. 강의 물길이 바뀌고 공사를 해도 그들은 여전히 그 나루터를 떠나지 않고 지켰다. 1949년 이후, 정책의 변화로 일을 잠시 멈추었으나 토지 도급제가 시행되면서 만 씨 일가는 다시 나룻배의 노를 저었다. 이웃들은 또다시 강둑 옆의 여섯 마지기 땅을 그들에게 나눠주어 농사를 지을 수 있도록 배려해주었다.

강과 배, 노와 여섯 마지기 땅에 관한 이야기다. 만 씨 일가는 여러 어려움에도 굴복하지 않았고 한 번 뱉은 말을 100년 동안 지켰다. 약속은 쉽게 할 수 있는 한마디 말이지만 그것을 지키는 건 결코 쉬운 일이 아니다. 말하는 건 쉽지만 그것을 끝까지 변함없이 지켜낸다는 것은 끈질긴 의지와 투지가 없으면 불가능하다.

'증자曾子의 돼지' 일화는 약속의 중요성을 잘 알려주는 고사다.

공자의 제자 중에 증자라는 사람이 있었다. 하루는 증자의 아내가 시장에 가려는데 아이가 울면서 따라간다고 보챘다. 그러자 아내는 "돌아와서 돼지를 잡아줄 테니 집에서 얌전히 있어라" 하며 아이를 달랬고 아이는 이내 울음을 그쳤다.

아내가 장을 보고 돌아오자 증자는 일어나 돼지를 잡으려 했다. 아내가 깜짝 놀라며 "아이를 달래려고 한 말인데 정말 잡으면 어떡하느냐"고 말했다. 그러나 증자는 "아이에게 속임수를 가르치려고 하느냐. 어미가 자식을 속이면 자식이 어미를 믿지 않게 된다"라며 돼지를 잡았다.

한낱 아이를 달래려 한 말을 진짜 약속으로 여기고 지키는 사람도 있는데 하물며 우리는 자기 입으로 했던 약속을 어째서 가벼운 농담으로 여기고 지나치려 하는 걸까? 지키지 못할 약속은 애초에 하지 않는 것이 낫다. 그렇지 않으면 사람들에게 신의를 잃고 자신뿐만 아니라 남에게도 피해를 줄 수 있다.

"발을 헛디디면 다시 일어서면 되지만 신뢰를 잃으면 일어서기 힘들다." 프랭클린 미국 전 대통령이 했던 말이다. 약속을 하기 전에는 먼저 시간이 충분한지, 능력이 되는지, 일어날 모든 결과에 대해 정확히 인지했는지를 고려해야 한다. 만일 그중 하나라도 부족하다면 성급하게 호언장담하는 일은 없어야 한다. 그렇지 않으면 그에 따른 결과는 오로지 당신 몫이다.

"속도를 줄이고 인생을 즐겨라.

너무 빨리 가다 보면 놓치는 것은

주위 경관뿐만이 아니다.

어디로 왜 가는지 모르게 된다."

가수 에디 캔터 Eddie Cantor

제6장

천천히 성공으로
나아가는 사람들

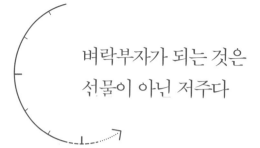

벼락부자가 되는 것은
선물이 아닌 저주다

이 세상의 어떤 사람들은 능력도, 돈도, 지위도 없으면서 단 하나의 꿈만 바라보고 살아간다. 바로 '벼락부자'가 되는 것이다. 문제는 아무런 노력도 하지 않으면서 허황된 꿈을 꾼다는 점이다. 그들의 가장 큰 문제는 바로 게으름이다. 어떻게 해서든지 부지런히 움직이고 노력해서 내면을 다질 생각은 하지 않고 오로지 하루아침에 쉽게 정상에 오르길 원한다. 단 '한 방'으로 모든 명예와 지위를 얻길 원하는데, 참으로 어리석은 생각이다.

그들은 늘 하루아침에 자신의 '신분'이 변할 수 있다는 환상을 가지고 그 어떤 노력이나 행동도 하지 않는다. 그러다가 막상 일이 틀어지면 모든 실패의 원인을 외부로 돌린다. 오랜 시간 열등감에 빠져 지낸 사람들에게는 이런 환상이 유일한 마음의 안식처이자 위안이 되기도 한다.

지금도 많은 사람이 '벼락부자'를 꿈꾸면서 주식에 투자하거나 복권을 사들인다. 그러나 이러한 환상을 지닌 사람 중 열에 아홉은 좌절을 맛본다.

H는 대학 졸업 후 예능프로그램에 나오는 인기 연예인들처럼 되고 싶었다. 그의 눈에 연예인들은 사람들의 주목도 받고 돈도 많이 벌 수 있으니 더할 나위 없이 좋아 보였다. 하지만 행운의 여신은 그에게 기회를 주지 않았다.

하루는 길을 가다가 우연히 복권 판매점을 발견하고는 재미 삼아 한 번 해보자는 마음으로 들어가 복권 몇 개를 샀다. 당시 개업한 지 얼마 되지 않았던 판매점에서 난생처음 산 복권이 2천 원짜리에 당첨되었고 처음 당첨의 '단맛'을 맛본 후로 자연스럽게 거기에 빠져들었다. 며칠 후 1만 원, 그리고 얼마 후에 또 3만 원짜리에 당첨되면서 씀씀이도 점점 더 커지기 시작했다.

그는 스포츠 복권, 연금 복권 등 가리지 않고 매일같이 닥치는 대로 복권을 사들였다. '복권 구매왕'에 도전하기라도 하듯 정신을 못 차리고 매일 복권 판매점을 찾았다. 낮에는 출근을 했지만, 밤에는 복권에 당첨되는 상상을 하느라 잠을 이루지 못했다. 하지만 그는 점점 가난해졌다.

아내와 자식들이 모두 그에게 그만하라고 권했지만, 그는 그 누구의 말도 듣지 않았다. 수중에 있던 돈이 바닥나자 그는 체면도 포기한 채 아내에게 집 대출금을 갚아야 한다는 명목으로 여기저기서 돈을 빌려 오게 하고는 그 돈으로 또 복권을 샀다. 제일 많이 산 날에는 하루에 수십만 원을 쓰기도 했다. 결국 그는 3천만 원가량의 빚을 지게 되었고 생활은 점점 더 힘들어졌다.

하루아침에 '벼락부자'가 되는 건 모든 '복권인'들이 꿈꾸는 미래다. 그들은 모두 그런 행운이 자신에게 일어나길 바라지만 실제로 그런 일이 일어날 확률은 아주 미미하다. 그런데도 거기에 중독되어 빠져나오지 못한 채 자신도 언젠가는 하루아침에 돈방석 위에 앉을 수 있을 거라는 희망을 버리지 못한다.

돈은 자신의 힘으로 노력해서 벌어들일 때 가장 떳떳하고 값진 것이다. 노력 없이 갑자기 많은 돈이 생긴 게 꼭 좋은 일은 아니다.

얼마 전 대만 신문에 보도된 내용에 따르면, 대만 지롱에 거주하는 P는 생활고에 시달리던 중 조카가 자신의 복권을 훔쳤다고 생각해 추궁하다가 결국 경찰이 출동하는 일까지 벌어졌다.

조사 결과, 놀랍게도 그는 3년 전에 16억 원 상당의 복권에 당첨되어 대륙으로 건너가 결혼을 하고 집과 차를 산 이력이 있었다. 그러나 그 돈을 흥청망청 써버린 탓에 금세 통장 잔고가 바닥났고 부인도 자취를 감춰버렸다. 또다시 과거의 가난했던 시절로 돌아간 그는 감옥에서 수감생활을 마치고 사회로 복귀한 지 얼마 안 된 전과자였다.

그는 단순히 본인이 운이 없어서라 생각하고 또다시 복권을 사기 시작했다. 그런데 이틀 전에 샀던 복권이 아무리 찾아도 보이지 않자 그는 조카가 가져갔다고 의심하기 시작해 두 사람 사이에 다툼이 벌어진 것이다. 신고를 받고 출동한 경찰은 그의 오토바이에 번호판이 없는 걸 발견해 훔친 차량이라고 여겨 그를 경찰서로 데려와 조사를 벌이고 법적 처벌을 기다리는 상태였다. 그는 또다시 가난뱅이가 되었고 부자가 되려 했던 꿈은 산산조각이 났다.

하루아침에 부자가 되는 '서프라이즈'를 꿈꾸는 사람들에게 그건 어쩌면 선물이 아닌 '저주'가 될 수도 있다. "갑자기 많은 돈이 생기면 세상이 악의로 가득 찬 것처럼 보인다"라고 누군가가 말했던 것처럼 별안간 돈이 많아지면, 나와 가까운 사람은 모두 돈만 보고 나쁜 의도로 내게 접근한 것처럼 느껴진다. 심지어 누군가가 내 이름을 친절하게 부르기만 해도 돈이 필요해서 그렇다고 의심한다. 세상에 좋은 사람은 하나도 없다고 생각하는 사람의 인생이 과연 행복할까?

포브스에서 발표하는 소위 부자 중 '하늘에서 내려온 파이'에 기대어 성공을 거둔 사람은 하나도 없다. 드넓은 바다도 무수한 물방울이 하나씩 모여 이뤄진 것이다. 조지 소로스나 워런 버핏 등 월가의 투자 고수들의 재산 역시 결국에는 하나의 거래가 쌓이고 쌓여 만들어진 것이다. 지난 수십 년의 노력이 없었다면 지금의 부도 누릴 수 없었을 것이다.

하루아침에 억만장자가 되는 건 불가능하다. 지금 당신의 내면을 단단하게 만들고 열심히 일하라. 당신의 손으로 직접 노동의 성과를 일궈라. 수확이 많진 않을지라도 그건 모두 당신의 수고와 노력으로 얻어진 것이다. 노력해야만 매일 전진할 수 있고 그러다 보면 반드시 당신이 원하는 성공이 찾아온다.

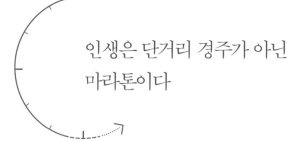

인생은 단거리 경주가 아닌 마라톤이다

길다면 길고 짧다면 짧은 우리의 인생은 각각의 단계에서 서로 다른 것을 경험한다. 인생 곳곳에는 수많은 출발선이 놓여 있다. 이 경기는 순식간에 끝나는 단거리 경주가 아니라서 한 번에 전속력을 다해 달리지 못한다. 인생은 마라톤과 같아서 힘을 잘 분배해야 한다. 전반부에 스퍼트를 내서 전속력으로 달리고 나면 후반부에는 너무 지쳐서 경기를 완주할 힘이 떨어진다.

한 남자가 공원 안의 커다란 나무 밑에서 한 여인을 만나기로 했다.

그런데 한참을 기다려도 여인은 오지 않았다. 그러던 중 갑자기 옆에 있는 긴 의자에서 무언가 반짝이는 것을 발견했다. 가까이 가서 보니 그것은 손목시계였다.

그는 시계를 손목에 차고 시계 침을 흔들어보았다. 그런데 어느새 여인이 자기 앞에 서 있었다. 그것은 시간을 빨리 가게 하는 시계였다. 그는 생각했다. '지금 이 아가씨와 결혼할 수 있다면 얼마나 좋을까!' 그는 다시 시계 침을 세차게 흔들었고 둘은 곧바로 결혼식장으로 들어가 결혼을 했다. 또 한 번 시계를 흔들자 순식간에 두 아들이 태어났다.

그는 계속해서 시계를 흔들고 또 흔들었다. 정신을 차리고 보니 백발이 성성한 노인이 되어 있었다. 그제야 그는 자신이 한 짓을 후회했지만 시계에 시간을 되돌리는 기능은 없었다.

"우리가 숨 돌릴 틈 없이 바쁘게 삶을 좇아갈 때 삶은 우리에게서 멀어진다." 세계적인 가수 존 레논이 했던 말이다. 현대인들은 모두 '빠름'을 선호한다. 밥을 먹어도 패스트푸드를 즐기고 여행을 가도 고속열차를 선택하며 커피 한 잔을 마시더라도 빨리 먹을 수 있는 인스턴트 커피를 선호한다. '3분 영화 요약', '1분 뉴스' 등의 영상이 많은 조회 수를 기록하는 것만 봐도 사람들이 얼마나 속도를 중시하는지 잘 드러난다.

아이러니하게도 이렇게 빠른 삶을 추구할수록 생활은 질서를 잃어버리고 엉망이 된다. "빨리빨리 하는 게 뭐 어때서요? 시간도 아끼고 좋은 거 아닌가요?"라고 말할 수 있다. 시간을 절약하는 건 맞다. 문제는 시간을 절약했다면 그만큼 쉬는 것이 정상인데 그렇지 않다는 데 있다.

2012년, '양조위의 비둘기 먹이 주기' 논란이 인터넷을 뜨겁게 달궜다. 한 네티즌이 SNS에 올린 글에 의하면, 양조위는 답답하고 심심한 날이면 공항에 가서 적당한 시간대의 항공편을 골라 타고 날아가 해외에서 시간을 보냈다.

비행기를 타고 런던에 가서 혼자만의 시간을 보내다가 광장에서 비둘기에게 먹이를 주고는 별다른 일정 없이 저녁 비행기를 타고 다시 홍콩으로 돌아오는 식이었다. 그러면서 그는 "그런 게 진정한 삶의 여유 아닐까"라고 생각한다고 말했다.

이 글이 네티즌 사이에서 일파만파로 퍼지면서 양조위는 한때 '낭만가이'라는 별명까지 얻게 되었고 결국 이에 대해 해명을 하기까지 이르렀다.

"실제로 그런 적이 있었죠. 갑자기 모든 게 무료하게 느껴져서…. 그런데 런던에는 간 적 없고요. 뉴욕에 가서 며칠 쉬다가 왔습니다. 비둘기에게 먹이를 준 적도 없고요. 물론 비둘기에게 먹이를 주고 싶었다면 정말 그렇게 했을 거예요. 하고 싶은 대로 하면 되니까요."

그는 매체 인터뷰를 통해 자신은 틀에 얽매이는 것을 싫어하며 마음속에 떠오르는 생각대로 사는 편이라고 솔직하게 고백했다.

"처음 일을 시작했을 때 일부러 교외 지역에 집을 구했어요. 출근하면서 드라이브하는 기분을 느끼고 싶었거든요. 예전에는 차를 몰고 홍콩 주변을 한 바퀴씩 도는 걸 좋아했어요. 그러면 도시와는 또 다른 풍경들을 많이 볼 수 있으니까요."

마윈이 했던 유명한 비유가 있다. "오늘이 최악이었다면 내일은 더 최악이지만 모레 정도에는 상황이 호전된다. 그런데 대부분 사람이 내일 밤에 죽는다." 이곳저곳을 기웃거리며 기회를 탐색하느라 너무 많이 걸을 필요 없다. 천천히 한 걸음씩 걷되 끝까지 포기하지 않고 걸어가면 언젠가 행운을 만나게 된다.

조금만 생각을 바꾸면 기회는 당신의 발밑이나 손끝, 손이 닿는 곳에 언제나 존재한다. 그래서 누군가는 "나는 항상 평온한 마음으로 모든 일을 천천히 하려고 애쓴다. 관상용 꽃을 보는 것처럼 천천히 나의 인생을 바라보는 것이다"라고 말했는지도 모른다.

평정심을 지닌 사람은 무슨 일을 하든지 크게 놀라지 않고 '농부' 처럼 꾸준히, 착실하게 일한다. '농부'처럼 일한다는 게 뭘까? 조바심 내지 않고 농작물을 돌보는 것이다. 그렇지 않으면 수확은커녕 어린 새싹들을 다 짓밟아 망가뜨릴지도 모른다.

조급해할 필요 없다. 성급함은 일을 그르치기만 할 뿐이다. 조급한 마음을 버리면 훨씬 더 많은 일을 해낼 수 있다. 바쁜 삶이 많은 돈을 보장해주는 건 아니다. 오히려 마음만 더 복잡해질 뿐이다. 성격이 급한 사람들이 가장 먼저 해야 할 일은 조급함을 버리는 것이다. 그리고 자기에게 맞는 속도를 찾아 걸어가야 한다.

내가 좋아하는 일을 찾아
열심히, 잘해보자

모든 사람은 자신만의 꿈이 있다. 하지만 모두가 처음부터 자신이 좋아하는 일을 하는 건 아니다. 사실 진정으로 좋아하는 일에 '늦은 때'라는 건 없다. 정말 좋아하는 일은 성공을 위해 서두르지 않아도 된다. 그저 그 일을 잘 해내리라는 믿음만 있으면 된다.

'당신이 좋아하는 일을 한다면 하나님이 기꺼이 성공의 문을 열어주실 거예요. 설사 당신이 팔십의 노인이라고 해도 말이에요.' 이 글은 76세에 그림을 그리기 시작해 세계적인 화가가 된 미국의 모지스 할머니가 일본의 유명 소설가 와타나베 준이치에게 써준 말이다. 마음속에 어떤 일을 품었다면 나이나 생활환경에 상관없이 대담하게, 용감하게 시도해보자. 정말 당신이 하고 싶은 일을 한다면 성공이나 실패 여부는 크게 중요하지 않다.

중국의 대표 인플루언서이자 사업가인 뤄융하오^{羅永浩}는 고등학교 2학년 때 중퇴를 했었다. 그는 학교를 그만두고 중고 서적, 밀수 차량 등을 판매하며 살았다. 당시 그는 여느 청춘들처럼 자신의 앞날을 예측하지 못했다. 훗날 영어와 인연을 맺어 강사 일을, 게다가 그 일로 유명해지리라고는 꿈에도 몰랐다.

그는 여러 번 직업을 바꿨지만 매번 흥미를 느끼지 못했다. 베이징에 와서 생활할 때는 모든 걸 다 포기한 채 캐나다 이민을 생각하며 영어 공부를 시작했다. 그러다 캐나다 이민이 무산되면서 그는 교육회사 신동방^{新東方}의 대표 위민홍에게 구직 서한을 보냈다. 위민홍은 그에게 세 번의 시강 기회를 주었고 이로써 신동방에 들어가 강사로 일할 수 있게 되었다.

2001년부터 2006년까지 그는 베이징에서 영어 강의를 전담하는 스타 강사로 활약했다. 유머러스한 강의 스타일과 꿈을 심어주는 말들로 대학생들에게 많은 인기를 끌었고, 수강생들이 그의 강의 내용을 몰래 녹음해서 캠퍼스 사이트에 올리면서 2003년에는 '뤄선생 강의'라는 제목의 오디오 파일을 찾는 사람들의 문의가 전국에서 쇄도했다. 2006년 6월, 신동방에서 나온 그는 뉴보왕牛博網이라는 사이트를 개설했고 2년 뒤 '뤄선생과 친구들의 교육과학 유한공사'라는 영어 전문 교육기관을 세웠다.

그런데 2012년, 뤄융하오는 SNS에 '스마트폰들이 죄다 못생겼다'라는 말을 남기면서 돌연 스마트폰 사업을 시작하겠다고 선언했다. 이때 그는 틈틈이 영화를 촬영했다. 2014년, 그는 스마트폰 '스마리잔 T1'을 출시했고 국내 첫 IF 디자인상 금상을 수상했다. 늘 본인이 좋아하는 것을 따라 일했던 그가 남긴 명언이 있다.

"삶이 멈추지 않는 한 우리의 번민은 계속된다."

흥미는 우리 인생의 가장 좋은 동반자이자 안내자다. 대학 시절에 공부에 집중하지 않고, 졸업 후에도 자기 일에 집중하지 못하는 이유는 흥미가 없기 때문이다. 취직을 위해 컴퓨터나 IT 등 인기 전공을 선택하지만 그 학문에 전혀 관심이 없다는 걸 깨닫고 대학 4년 내내 허송세월하는 사람들이 있다. 그러다가 졸업을 하고 직장을 찾아 또다시 그 흥미 없는 일을 지속한다.

내가 가장 하고 싶은 일에 나의 천부적인 소질과 재능이 숨어 있다. 모든 사람은 자신만의 꿈이 있지만, 진정으로 그 꿈을 좇아 살아가는 사람은 얼마 되지 않는다. 무기력하고 무능하게 살아가는 사람이 우리 주변에 그토록 많은 이유는 다들 자신의 진정한 재능이 무엇인지, 진정으로 하고 싶은 일이 무엇인지 잘 모르기 때문이다.

인생은 짧고 고되다. 누군가의 꼭두각시 역할을 하며 살기엔 너무 아까운 인생이다. 내 삶의 주인공은 내가 되어야 하며 언제나 초심을 잃어서는 안 된다. 호기심이 생기는 일부터 시작해 자신이 좋아하는 일을 하도록 하자. 많이 겪어보고 시도하자. 전문 지식이 없다고 걱정하지 마라. 열심히 노력해서 배우면 된다. 중요한 건 그냥 하는 게 아니라 '잘 해내는' 것이다. 열심히, 최선을 다해서 해내자.

당신이 좋아하는 일을 할 거라고 말하면 '지금은 너무 늦었다'고, '관련 지식도 없는 네가 이제 와서 뭘 하겠느냐'고 핀잔을 주는 사람이 분명히 있을 것이다. 그러나 '지금'은 언제나 내일보다 빠르다. '지금'이야말로 당신의 인생에 가장 적합한 시기라고 믿자. 진정으로 꿈을 좇는 사람에게는 삶의 모든 순간이 가장 젊은 날이며, 늦은 때란 영원히 존재하지 않는다.

기꺼이 밑바닥부터
시작하는 삶

요새는 고된 일을 자처하는 젊은이가 드물다. 다들 처음부터 쉬운 일, 힘들지 않은 일을 하려고 애쓰지만 그러다가 결국에는 아무것도 이루지 못한다. 기업에서는 실용적인 인재를 원한다. 전문 지식을 갖춘 것도 물론 중요하지만 알고 있는 이론을 실제에 적용해야만 더 많이 발전할 수 있다는 말이다.

미국의 여성 기업가 린다 와츠너 Linda Wachner는 자신을 '항상 모든 일을 완벽하게 해내고 싶은 욕망이 끝없이 솟아오르는 사람'이라고 정의 내렸다. 한 번에 정상에 우뚝 서겠다는 허망한 꿈은 꾸지 않았다. 정상에 오르는 꿈을 이루려면 열정을 품되 한 걸음씩 착실히 걸어야 한다는 걸 알고 있었다.

16세에 고등학교를 졸업한 린다는 버팔로에 있는 뉴욕주립대학의 경영학과에 입학했다. 그녀의 워커홀릭 면모는 대학 시절부터 드러났는데, 린다는 방학 때마다 뉴욕 백화점에서 일했다. 한 인터뷰에서 린다는 "그 백화점 안에 있는 거의 모든 매장에서 판매 일을 했었죠"라며 그때를 회상하기도 했다. 이러한 경험은 훗날 그녀의 커리어에 매우 든든한 기반이 되었다. 대학 안에서는 수업 외 활동에도 매우 적극적으로 참여했는데 가령 시험 감독을 맡아 답안지를 채점하는 일과 같은 것이었다. 20살, 대학을 졸업하면서 경영학 학사 학위를 취득한 린다는 바로 패션유통업계로 들어갔다.

자신만의 회사를 차려야겠다는 꿈을 품고 밑바닥부터 일하며 배워야겠다고 생각하던 찰나, 1969년 란제리 구매 담당자 자리 제의를 받았고 그녀는 바로 그 제안을 받아들였다. 직위는 상관없었다. 그리고 22살, 그녀는 맨해튼 34가의 가장 큰 쇼핑몰에서 가장 젊은 패션 상품 관리자가 되었고 5년 뒤, 패션업계의 전문가로 성장했다.

훗날 린다는 45세에 〈포춘〉 지에서 선정한 500대 우수 기업가에 선정되면서 꿈을 이뤘다. 그 전까지 500대 우수 기업가로 선정된 여성은 〈워싱턴 포스트〉 발행인 캐서린 그레이엄과 메리케이 코스메틱의 대표 메리 케이 애시가 유일했다. 이외에도 린다는 뉴욕증권거래소 상장사 최초의 여성 CEO로 기록되는 등 비즈니스 업계에 엄청난 파장을 일으키고 뛰어난 실적을 선보여 사람들을 놀라게 했다.

턱없이 높은 곳만 바라보면서 큰 꿈을 꾸느라 가장 기초적이고 기본적인 일에 정작 신경 쓰지 않는 사람은 현재뿐 아니라 미래에 대해서도 매우 무책임한 것이다. 커리어에 '신화'란 없다. 하루 만에 정상에 오를 수 있는 사람은 없다는 얘기다. 그러므로 회사에 들어가자마자 무조건 높은 직위, 높은 연봉만 요구하지 말고 자세를 낮추고 기본부터 착실히 수행하자. 당신에게 일어날 갖가지 도전과 좌절을 딛고 일어나면서 직접 많은 걸 터득하고 배워내야 한다.

커리어를 잘 계발하고 싶다면 이론에만 기대기보다 실제로 문제를 해결할 줄 알아야 하는데, 이는 기본적인 업무를 처리하고 문제를 해결하면서 그 능력을 키울 수 있다. 기본부터 시작한다는 건 나쁜 일이 아니다. 당신이 생각한 것보다 훨씬 더 큰 효과와 결과를 가져다줄 것이다. 자세를 낮추면 무언가를 잃는 게 아니라 오히려 더 많은 것을 얻게 된다.

속도와 효율을 따지는 현대사회 속에서 사람들은 늘 자신이 바라고 원하는 것을 얻기 위해 빠르게 달려가느라 그 과정에서 일어나는 '작은' 문제들을 종종 간과한다. 특히 젊은이들은 일상의 사소한 업무보다는 늘 중대한 프로젝트, 중요한 미션을 성공적으로 완수해 빠르게 이름을 알려 일찍부터 영광을 누리고 싶어 한다. 그래서 평소 반복되는 사소한 업무들은 대충대충 처리하면서 '얼추 이 정도면 됐다'라는 마음으로 넘어간다.

그런 자세가 오랫동안 반복되면 업무에 대해 매우 소극적이면서 무책임한 태도를 지니게 되고 그런 사람들은 중대한 일을 맡아도 처리할 능력이 없어서 헤매게 된다. 그들의 눈에는 울창한 숲만 있지, 그 숲을 이루는 한 그루 한 그루의 나무는 없다. 사람들의 능력은 비슷비슷해서 결국 세부적인 디테일에 얼마나 신경 쓰는가에서 차이가 벌어진다. 디테일의 차이가 서로 다른 결과를 낳고 그것이 쌓이고 쌓여 사람과 사람 사이의 격차가 되는 것이다.

기억하자. 세상에 '하찮은' 일이란 없다. 결과를 낼 수 있는 것이라면 크든 작든 모두 신경 써야 한다. 업무를 하면서 생각만큼 최고의 효과가 나오지 않았다면 아무리 '작은' 일이라고 할지라도 디테일에 신경 써서 개선하고 보완해야 한다. 그것이야말로 가장 훌륭한 능력이자 큰일을 이루는 핵심이라는 걸 명심하자.

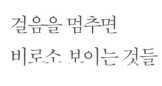

걸음을 멈추면
비로소 보이는 것들

"시간 날 때 전화할게요."

"시간 날 때 한번 보러 갈게요."

"시간 될 때 한번 모여요."

사람들이 정말 자주 하는 말이다. 그런데 내 인생의 주인이자 시간의 주인으로 살아가는 우리는 왜 전화 한 통 거는 시간까지 일부러 빼서 따로 만들어야 할까?

한번은 평소에 별로 잘 만나지 않던 친구와 우연히 마주쳐 이야기를 나누다가 서로 같은 도시에 살고 있었다는 사실을 뒤늦게 알게 되었다. 나는 예의상 "언제 밥 한번 먹자"라고 인사를 건넸는데 뜻밖에도 상대가 곧바로 "좋아. 이번 주말 어때? 나는 주말 모두 괜찮아"라고 대답하는 것 아닌가. 난감했다. 그 주 주말에는 일정이 차 있어서 도저히 시간을 낼 수 없었다. 결국 "미안. 이번 주말에는 일이 있어서 말이야. 급하지 않으니까 밥은 다음에 먹자"라고 대답해버렸다. 그렇게 시간은 흘렀고 '언제 한번' 만나서 식사를 하자는 약속은 결국 성사되지 않았다.

평소 당신은 계절의 변화를 얼마나 느끼며 살아가는가? 주변의 아름다운 풍경을 얼마나 정성스레 눈에 담으며 살아가는가? 길다면 길고 짧다면 짧은 우리의 인생에서 60이 넘어 은퇴한 다음에야 주변 풍경을 돌아보는 여유를 가질 셈인가?

철학을 전공한 인기 작가 장원량의 에세이에 나오는 내용이다.

하나님이 내게 달팽이를 데리고 함께 산책을 다녀오라는 숙제를 주셨다. 나는 빨리 걸을 수 없었다. 달팽이는 매 순간 최선을 다하고 있는 듯했지만 별 차이를 느끼지 못할 정도로 아주 천천히, 조금씩 걸어갔다. 답답한 마음에 나는 달팽이를 채근했다가 겁을 주기도 했다가 심하게 질책도 했다.

달팽이는 미안한 눈으로 나를 바라보았다. '나는 정말 최선을 다하고 있어요!'라고 말하는 것 같았다. 나는 달팽이를 밀어주고 끌어주고 심지어 홧김에 발로 걷어차기까지 했다. 달팽이는 상처 입은 몸으로 땀을 흘리고 숨을 헐떡이면서 앞으로 기어갔다. 정말 이상한 노릇이었다. 대체 하나님은 왜 나에게 달팽이를 산책시키라고 하신 걸까?

"하나님, 대체 이유가 뭡니까?"

원망 섞인 목소리로 물었지만 고요한 적막만이 나를 감쌌다.

"좋습니다! 마음대로 하시죠. 하나님도 신경을 안 쓰는데 제가 뭐 하러 열심히 합니까? 달팽이는 앞으로 가든 말든 상관 안 합니다. 죽이 되든 밥이 되든 어떻게 되겠죠. 뭐!"

달팽이를 따라 느리게 걷자 이상한 일이 일어났다. 내가 아주 예쁜 정원을 걷고 있고 있었다. 게다가 잔잔한 바람이 불어와 볼을 간질였는데 밤바람이 그렇게 부드럽다는 걸 그날 처음 느꼈다. 느릿느릿 걷다 보니 평소에는 듣지 못했던 새소리, 풀벌레 소리가 들려왔고 밤하늘에 수놓인 별들의 반짝임이 눈에 들어왔다. 그리고 내가 이제껏 크게 뭔가를 착각했다는 사실을 알게 되었다. 하나님은 사실 달팽이에게 나를 산책시키라고 명령하신 거였다.

우리는 모든 것이 너무 빠른 시대 속에서 살아간다. 아침부터 밤까지 사람들은 발걸음을 재촉하느라 주변의 아름다운 풍경에 눈길조차 줄 여유가 없다. 우리는 시간의 노예, 돈의 노예가 되어 매일 정신없이 바쁜 삶을 살아간다.

하지만 걸음을 멈추면 당신 주변에 펼쳐진 아름다운 풍경을 감상할 수 있다. 위대하고 아름다운 자연을 감상할 수 있고 화려하게 피어난 꽃, 지저귀는 새들과 교감을 나눌 수도 있다. 그러다 보면 어느새 마음이 편안해지고 나를 진심으로 사랑해주는 사람들을 떠올리며 감사하게 된다. 하지만 안타깝게도 걸음을 멈출 기회는 자주 오지 않는다.

"한창 젊을 때는 정상에 오르는 게 유일한 목표였어요. 경주마처럼 눈가리개를 한 채로 결승점만 보며 무조건 내달렸죠. 다른 건 하나도 눈에 들어오지 않았어요. 할머니는 그런 저를 보시며 걱정을 많이 하셨어요. '얘야, 너무 빨리 달리지 말거라. 그러면 아름다운 풍경을 하나도 볼 수 없단다.'

그 당시에는 그 말을 듣지 않았어요. 목표가 정확한 상황에서 걸음을 멈추는 건 한심한 시간 낭비라고 생각했거든요. 저는 계속 달렸어요. 그렇게 1년, 또 1년이 지났고 저는 지위와 명예, 그리고 사랑하는 가족을 모두 얻었습니다. 하지만 행복하지 않았어요. 대체 뭐가 잘못되었는지, 내가 뭘 잘못한 건지 몰라 참 많이 괴로웠습니다."

할리우드의 한 가수는 매체와의 인터뷰에서 자신의 마음을 담담하고 솔직하게 털어놓았다.

"한번은 뮤지컬 지방 공연이 있었어요. 당시 제가 주인공 역을 맡았었는데 공연이 끝나고 관중들의 열렬한 환호와 박수갈채를 받았어요. 성공적으로 공연을 마치고 정말 기뻤습니다. 그때 집에서 연락이 왔어요. 아내가 사진 한 장을 보내왔는데 사진 속에는 조금 전 세상에 태어난 넷째의 모습이 담겨 있었습니다. 부끄럽지만 아이 넷이 태어날 때 저는 한 번도 아내 곁에 있어주지 못했어요. 아내는 혼자서 엄청난 출산의 고통을 짊어져야만 했죠.

저는 아이들이 처음 걸음마를 했을 때도 보지 못했습니다. 천진난만하게 울고 웃는 모습도 잘 보지 못했어요. 전부 아내를 통해 간접적으로 경험해야만 했죠. 그제야 할머니가 제게 해주셨던 말이 떠올랐어요. 가만히 생각해보니 책을 읽거나 마당에 핀 꽃을 조용히 바라본 게 언제였었는지 기억이 가물가물했어요. 아내와 함께 가기로 했던 휴가도 바쁘다는 핑계로 취소해버린 적도 많았습니다."

가족은 우리에게 주어진 일생의 가장 아름답고 소중한 보물이다.

나의 바쁜 일상이 나의 소중한 사람들의 자리를 대신해서는 안 된다. 우리 인생에는 절대 놓치지 말아야 할 '풍경'들이 있다. 시간을 내서 달팽이와 함께 그 풍경을 감상해야 한다. 식사할 때는 천천히, 음식의 맛은 물론 그 요리에 담긴 정성과 따스함을 함께 음미할 수 있어야 한다. 길을 걸을 때는 공기 속에 담긴 낭만과 계절의 냄새를 느낄 수 있게 천천히 걸어야 한다.

시간을 내서 책을 읽고 한낮의 따스한 햇볕을 느껴보자. 시간을 내서 집에 돌아가 부모님을 뵙고 가족과 함께하는 시간을 가져보자. 시간을 내서 친구들을 만나 지난 세월 변함없이 우정을 이어온 그들에게 감사한 마음을 표현해보자. 조금만 걸음을 늦춰보자. 평소에는 보지 못했던 풍경이 눈에 들어오고, 느껴본 적 없던 행복이 다가올 것이다.

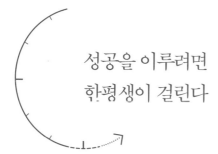

성공을 이루려면
한평생이 걸린다

흔히 강태공으로 알려진 중국 주나라의 정치가 강자아姜子牙는 여든 이 다 된 나이에 대사로 책봉되었다. 그렇다면 여든 전까지 그는 어떤 삶을 살았을까?

수십 년 동안 오로지 학문에만 몰두하는 삶을 살았던 강자아는 위로는 천문에, 아래로는 지리에 능한 박학다식한 사람이었다. 군사 훈련과 병력 배치, 심지어 점술까지도 두루 능통하여 다양한 지식 을 바탕으로 마침내 무왕벌주(주나라의 무왕이 은나라의 주왕을 벌한 사건-옮긴이) 사건을 통해 세상에 이름을 알렸다.

성공은 한평생이 걸리는 일이라서 충분한 시간을 가지고 내면을 다지는 일에 충실해야 한다. 꼼꼼하게, 많은 준비를 해야만 성공의 종착역을 향해 힘을 내서 걸어갈 수 있다. 성공의 길에서 가장 멀리 해야 할 것은 조급함이다. 시간은 우리의 것이고 성공은 시간과 맞바꾸는 것이다. 시간을 충분히 갖지 않으면 성공도 '절름발이' 성공일 수밖에 없다.

해가 뉘엿뉘엿 지며 하루가 저물어갈 무렵, 한 귤 장수가 성문이 닫히기 전에 재빨리 옆 성으로 갔다. 그는 계속 장사가 하고 싶어 지나가던 행인에게 성문까지 가려면 얼마나 걸리는지 물어보았다.

"천천히 걸어가면 성문이 닫히기 전에 도착할 수 있을 거예요. 그런데 빨리 걸어가면 도착 못 할 겁니다."

행인의 대답에 귤 장수는 고개를 갸우뚱했다. 그 말의 뜻을 잘 헤아리지 못한 귤 장수는 걸음을 재촉하기 시작했다. 그러다가 귤 바구니를 엎어버려 바닥에 나가떨어진 귤들을 주워 담느라 결국 성문이 닫히기 전에 도착하지 못했다. 급한 마음에 빨리 걸음을 옮기다가 평정심을 잃어버려 발이 꼬이고 귤 바구니를 엎어서 시간을 지체해 버렸기 때문이다.

급하게 무언가를 성취하려고 하면 마음마저 급해져 결국에는 가장 간단하고 익숙하게 하던 작은 일까지 제대로 해낼 수가 없어진다. 하물며 도전과 역경이 가득한 큰일들은 어떠하겠는가.

베토벤은 무려 39년 동안 무한히 떠오르는 영감들을 엮어내〈합창 교향곡〉이라는 역작을 탄생시켰다. 단지 작품을 내놓는 데만 급급했다면 한 시간만으로도 충분했을 것이다. 하지만 그랬다면 우리가 지금 그의 마음에서 우러나온〈환희의 송가〉를 들을 수 있었을까? 배 위의 돛은 한 땀 한 땀의 바느질이 모여 만들어진 것이다. 그 돛이 있어야 안전하고 빠르게 육지에 도달한다. 급하게 육지로 올라가기 위해 만든 배는 결국 휘몰아치는 파도를 견디지 못하고 망망대해 속으로 사라져버린다.

1981년, 미국의 소설 부문 퓰리처상의 주인공은《바보들의 결탁》을 쓴 존 케네디 툴이었다. 소식이 전해지자 앞다투어 축하 메시지를 전해오는 사람들에게 툴의 어머니는 그 작품의 탄생 배경을 설명했다. 12년 전, 툴은 심혈을 기울여 첫 장편소설《바보들의 결탁》을 탈고했다. 그는 본인의 작품에 매우 만족했지만 출판사로부터 번번이 거절당했다. 실망과 절망에 몸부림치던 툴은 결국 어느 비 오는 밤, 32살의 젊은 나이에 '나는 작품과 인생에 철저한 절망을 느꼈다. 나처럼 희망 없는 사람이 그것에서 벗어날 방법은 죽음뿐이다'라는 유언을 남기고 스스로 목숨을 끊었다.

아들이 철저한 고통 속에서 몸부림치다 떠났다는 사실을 뒤늦게 알게 된 어머니는 충격과 슬픔 속에서 힘든 나날을 보냈다. 하지만 생전에 아들이 안타깝게도 꿈을 이루지 못했다고 생각하자 정신이 번쩍 들었다. 그녀는 자리를 털고 일어나 아들의 원고를 가지고 직접 출판사를 하나하나 찾아가 문을 두드리기 시작했다. 무수히 많은 거절과 비웃음을 받았지만 그녀는 포기하지 않았고 원고를 여러 문학계 대가들에게 보냈다.

툴이 세상을 떠나고 10년 후, 마침내 유명 소설가 워커 퍼시가 그의 작품을 알아보고 한 출판사에 추천한다. 결국 책은 출간되자마자 수많은 독자의 사랑을 받았고 큰 상까지 받게 된다.

"상을 받은 건 참 기쁜 일이지만 안타깝게도 툴은 이제 세상에 없네요. 인생을 살다 보면 실패는 피할 수 없지요. 하지만 꿈과 믿음만 간직하고 있다면 성공은 10년 늦게 찾아온다고 해도 상관없어요."

툴의 어머니가 이제는 볼 수 없는 아들을 생각하며 한 말이다. 인생이란 그런 것이다. 당신이 회피나 절망을 선택하지 않는 이상 역전의 기회는 반드시 찾아온다.

커넬 샌더스는 인생의 노년기에 KFC라는 거대한 비즈니스 왕국을 세웠다. 이것은 그에게 엄청난 행운이 따라서가 아니라 그가 단 한 번도 포기하지 않고 아무리 나이가 들었어도 자신은 성공할 수 있을 거라는 믿음을 가지고 있었기 때문이었다. 우리에겐 충분한 시간이 필요하다. 10년 혹은 20년, 심지어 평생이 걸릴 수도 있다. 비록 그 시간이 더디게 흘러가고 끝내 사람들에게 널리 이름을 알리지 못할지라도 매일 성장하고 있다면 그것으로 충분한 성공이다.

성공이 당신에게 너무 멀리 있다고 생각하지 말자. 아직 인생의 마지막 순간까지 바쳐서 시도해보지 않았으면서 어떻게 성공하지 못할 거라고 장담하는가? 유방은 마흔이 넘은 나이에 천하를 다스리기 시작했다. 당신이라고 포기할 이유는 없다. 성공이 너무 어렵다고만 생각하지 말자. 자신에게 충분한 시간을 준다면 당신의 생각보다 훨씬 많은 것을 얻을 것이다.

성공을 이루려면 평생이 걸린다. 우리가 해야 할 일은 성공을 이루기 전까지 다양한 지식을 공부하고 습득하는 것이다. 설령 그 지식이 미래의 성공과 상관이 없을지라도 말이다.

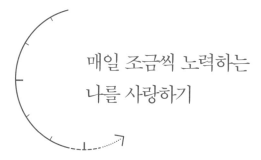

매일 조금씩 노력하는
나를 사랑하기

봄에 씨를 뿌려 무더운 여름을 지나 가을에 수확하듯, 무슨 일이든 지 매일 조금씩 노력하는 자세가 필요하다. 성공은 무수히 많은 요소가 쌓여서 만들어진다. 어제보다 조금 더 웃고, 어제보다 조금 더 많이 행동하며, 어제보다 조금 더 변화를 꿈꾸고, 어제보다 조금 더 효율적인 오늘을 살아내다 보면 당신의 내일과 오늘은 하늘과 땅만큼의 차이를 보일 것이다.

많은 사람이 단숨에 정상에 닿길 소원한다. 그렇지만 이건 갓 태어난 아기들이 외국어를 배우려 하고, 이제 막 글자를 익혀놓고 작가처럼 글을 쓰길 바라며, 대학을 졸업하자마자 억만장자가 되려는 것과 같다. '시간은 나를 기다려주지 않는다'라는 게 그들이 말하는 이유지만, 결국 사방에는 '머리 없는 파리'처럼 천방지축으로 날뛰는 사람들만 가득할 뿐 부지런히 꿀을 채집하는 '꿀벌'들은 찾아보기 힘들다. 그런 그들에게 가장 필요한 건 '매일 조금씩 성장'하는 마음가짐이다.

전 LA레이커스 팻 라일리 감독은 팀이 극심한 슬럼프에 빠져 있을 때 12명의 선수에게 이렇게 당부했다.

"올해 우리의 목표는 모든 단원이 작년보다 1% 올라간 성적을 내는 것이다. 할 수 있겠나?"

'겨우 1%라니! 못할 이유가 없지.' 선수들은 충분히 이뤄낼 수 있는 목표라고 생각해 열심히 연습하고 경기에 임한 끝에 우승을 거머쥘 수 있었다. 한 기자가 어떻게 이렇게 쉽게 우승할 수 있었냐고 감독에게 묻자 그는 이렇게 대답했다.

"포인트 가드, 슈팅 가드, 스몰 포워드, 파워 포워드, 그리고 센터 다섯 방면에서 1%씩 성장한다고 생각해보세요. 합치면 5%고, 12명을 합치면 총 60%입니다. 1년에 60% 성장하는 팀이 우승을 안 하는 게 오히려 이상한 거 아닐까요?"

'매일 조금씩 성장'하는 것의 핵심은 '매일 성장'이다. 말 그대로 오늘 많이 걸었다고 내일 하루는 쉬는 게 아닌, 매일 꾸준히 멈추지 않고 앞으로 나아가는 것이다.

'느린 것을 두려워하지 말고 멈추는 것을 두려워하라.' 이 속담을 기억하자. '느린 걸 두려워하지 않는다'라는 건 무슨 뜻일까? 속도가 아무리 느리다고 해도 멈추지 않고 앞으로 나아가기만 하면 반드시 목표에 도달하는 날이 온다. '낙숫물이 바위를 뚫듯' 매일 반복적으로 꾸준히 하다 보면 언젠가 바라는 바를 이룰 수 있다.

그러면 왜 '멈추는 것을 두려워'해야 할까? 아무리 재능 있는 사람이라도, 아무리 달리기가 빠른 사람이라도 '토끼'와 같은 마음으로 경주에 임하면 결국 자만해서 낮잠을 자게 되고 평소 무시하던 '거북이'에게 패배할 수밖에 없기 때문이다. 그런 사람이 원대한 목표를 실현하기란 힘들다.

'매일 조금씩 성장'하는 것의 또 다른 핵심은 바로 '조금씩'에 있다. 성공을 방해하는 것은 보통 눈에 잘 띄는 큰 문제가 아니라 평소 주의를 기울이지 않았던 아주 사소하고 작은 문제들에 있다. 당신에게 아무런 영향이 없어 보이는 작은 문제들을 주의 깊게 살펴보고 해결하지 않는다면 그것은 끊임없이 당신의 에너지를 갉아먹을 것이다.

'매일 조금씩 성장'은 진취성과 꾸준함의 발현이다. 매일, 조금씩이라고 해서 소극적이거나 게으른 것이 아니다. 이는 오히려 현실을 직시하고 적극적으로 꿈을 이뤄나가는 정신이다. '매일 크게 성장'이라는 멘트가 더 자극적이고 매력적으로 다가올 수는 있지만 그것은 현실과 거리가 먼 환상에 지나지 않는다. 폭등의 이면에는 항상 폭락의 가능성이 존재한다. 이것이 바로 '거품 효과'다.

'매일 조금씩 성장'은 멈추지 않고, 꾸준하게 날마다 조금씩 성장을 이룬다는 데 그 의미가 있다. 비가 오나 눈이 오나 바람이 부나 태양은 솟아난다. 인생은 결국 연속되는 하루하루를 최선을 다해 살아가는 사람에게, 반복되는 그 일상을 잘 버텨내는 사람에게 승리를 선물한다. 오늘 하루가 어땠든지 핵심은 매일 무언가를 해내고, 매일 그것을 유지하며, 매일 '자신이 있어야 할 길에서 앞으로 나아가는 것'에 있다.

'매일 조금씩 성장'은 무한한 위력을 지녔다. 우리에게 필요한 건 충분한 인내심이다. 사실 성공은 단순하고 간단한 것을 반복적으로 시행할 때 찾아온다. '매일 조금씩 성장'하는 것은 정말 단순하고 간단한 일이지만, 모두가 그것을 해내지 못하는 이유는 능력이 없어서가 아니라 그 간단하고 반복적인 일을 하기 싫어서다. 사람들은 간단하고 쉬운 일일수록 잘 하지 않는다. 성공은 다른 사람보다 똑똑해서 이뤄내는 것이 아니라 다른 사람보다 '매일 조금씩 성장'해야 이룰 수 있다.

우리 삶은 대체로 이런 원리로 돌아간다. 질적인 성장은 양적인 성장을 어느 정도 이뤄낸 후에 찾아온다. 그런데 그 양적인 성장 과정이 힘들고 더디게 진행되기 때문에 충분한 인내심을 가지고 버텨내야만 한다. 조금 해보고 중간에 포기하지 말고, 하루 만에 정상에 오르겠다는 허황된 욕심도 버려야 한다.

보통 위대한 성과는 평범한 사람들의 끊임없는 노력을 통해 탄생한다. 그들은 디테일에 집중하며 '매일 조금씩 성장'하는 것에 몰입한다. 매일의 성장이 모여야만 결국 남과 비교할 수 없는 큰 성장이 된다. 그리고 그러한 도전을 두려워하지 않는 사람에게 삶은 늘 충분한 기회와 앞으로 나아갈 공간을 마련해준다.

천천히!
즐기면서!

당신이 살아가는 이 세상을 충분한 여유를 가지고 관찰해본 적 있는가? 학창 시절에는 학교와 학원에 다니느라, 졸업 후에는 직장을 다니느라 정신이 없어서 이 세상을 자세히 둘러볼 여유가 없었을 것이다.

알프스 산의 입구에는 '천천히! 즐기면서!'라는 팻말이 세워져 있다. "사람과 차로 북적이는 도시에서 매일 바쁘게 살아가는 사람들은 알프스 산에 와서도 케이블카를 타고 정상으로 올라가기 바빠 경이로운 풍경을 놓치기 일쑤다. 그들에게 아름다움으로 가득한 이 세상은 재미없고 따분한 감옥일 뿐이다." 중국의 유명한 문학 연구가 주광첸이 했던 말이다.

시간을 소중히 여기고 효율적으로 일하는 건 잘못된 게 아니다. 하지만 그것 때문에 삶의 중요한 본질을 잊어버리고 늘 분주함 속에 파묻혀 살지 않도록 주의해야 한다. 여행뿐만 아니라 삶도 마찬가지다. 오로지 목적지만 바라보면서 너무 급하게 걸어가다 보면 길가에 펼쳐진 아름다운 풍경을 놓쳐버린다. 이런 인생에 얼마나 큰 수확이 있을까.

주광첸 선생은 "예술은 매우 재미있는 활동이며 예술적인 삶은 인생을 재미있고 풍부하게 만들어준다"라고 말했다.

그의 주장에 따르면 이 세상의 사람은 두 종류로 나뉜다. 하나는 재미있고 풍부한 사람이다. 그들은 세상 모든 일에 흥미와 호기심을 느끼고 가는 곳마다 거기서 재미를 찾아낸다. 다른 하나는 재미없고 무료한 사람이다. 그들은 세상만사에 흥미가 없으며 흥미를 찾으려고 노력하지도 않는다. 그들의 관심은 오로지 오늘 하루 배불리 먹고 무사히 지내는 것이다. 세상은 전자를 '예술가'라 부르고 후자를 '속물'이라 한다. 재미가 더해질수록 우리의 삶은 아름다움으로 가득해진다. 그래서 예술적인 인생이란 곧 재미있는 인생과도 같다.

당신이 정말로 인생을 즐기는지 아닌지를 알고 싶다면 당신에게 주어진 환경과 주변 사물을 보며 즐거워하고 감사할 줄 아는지를 보면 된다. 그런 삶의 태도를 보일 때 우리는 신선처럼 자유롭고 행복한 인생을 누릴 수 있다.

앞만 보고 달려가느라 지치진 않았는가. 이제는 조금 느리게 걸어보자. 사소하고 번잡한 문제들로 가득한 것이 우리의 인생이다. 그걸 어떻게든 애써서 전부 해결하려고 하다 보면 힘이 빠지고 마음이 복잡해진다. 잠시 걸음을 멈추면 문제들을 차근히 정리하고 생각할 수 있으며 오히려 그 안에서 재미를 발견하기도 한다.

우리는 늘 시간이 없다고 느낀다. 그래서 무슨 일을 하든지 자꾸만 속도를 낸다. 속도를 올리면 효율을 높이고 그만큼 부를 창출할 수 있다. 누구도 이 사실을 부정하진 않는다. 그러나 '빠름'이 꼭 '효율'과 동일시되는 건 아니다.

많은 경우 '빠름'은 정신을 빼놓고 머릿속을 어지럽힌다. 급해질수록 불안한 마음에 손에서 일을 놓지 못하지만 그렇다고 제대로 해내는 것도 아니다. 냉정하고 여유롭게 생각하는 것이 성공의 시작이다. 그리고 시작이 반이다. 그래서 '느림'은 '빠름'보다 우리를 더 먼저 성공으로 데려다준다.

죽어라 속도를 내서 달려가는 생쥐를 보고 까마귀가 물었다.

"어딜 그렇게 급히 가는 거야? 좀 쉬었다가 가."

"쉬라니 무슨 말이야. 나는 이 길 끝에 뭐가 있는지 너무 궁금하다고."

생쥐는 다시 달리기 시작했다. 지나가던 거북이가 그를 보고 물었다.

"뭐가 급해서 그렇게 빨리 달리는 거야? 여기서 햇볕 좀 쬐고 가."

"안 돼. 이 길 끝까지 가서 빨리 뭐가 있는지 봐야 한단 말이야."

생쥐는 단 한 번도 쉬지 않고 전속력으로 달렸다. 온종일 그렇게 달려 결국 날이 저물기 전에 길 끝에 도착할 수 있었다. 길 끝에는 커다란 나무 한 그루가 서 있었다. 생쥐는 나무 밑에 앉으며 불평했다.

"뭐야. 겨우 이 나무 한 그루야? 시시해!"

그리고 생쥐는 후회했다.

"이럴 줄 알았으면 천천히 풍경도 감상하면서 올걸."

생쥐는 후회했지만 더는 움직일 힘이 없었다. 눈꺼풀이 자꾸만 내려와서 제대로 눈을 뜰 수조차 없었다. 앞만 보며 바삐 달려가는 사람의 인생도 마찬가지다. 아름다운 일상을 하나도 즐기지 못하다가 뒤늦게 후회해봤자 아무 소용이 없다.

사람들은 복잡한 세상 속에서 정신없이 바쁘게 살아가느라 하늘한 번, 구름 한 번 쳐다볼 시간이 없다. 빠른 걸음, 경직된 표정, 쉼 없는 경주가 마치 이 현대사회의 필수 조건처럼 자리하고 있다.

사람들은 행복이 미래에 있다고 생각한다. 하지만 고개를 돌려보면 우리가 그동안 걸어온 길 곳곳에 순간순간의 행복이 있었다. 시간은 멈추지 않고 흐르지만 우리는 잠시 걸음을 멈출 수 있다. 잠깐 쉬어간다고 해도 아무 일도 일어나지 않는다. 오히려 인생은 우리에게 따듯하고 보드라운 미소로 보답해줄 것이다.

조금 더 느리게, 충분히 즐기면서 걸어보자. 시간이 되면 해와 달이 떠오르듯, 계절의 흐름에 따라 날씨가 변하듯 순리에 맞게 살아가자. 느리게 걷는다고 나태해지거나 게을러지라는 말이 아니다. '느림'은 차분한 마음 상태이자 자연스럽고 여유로운 삶의 자세다.

유명 작가 김용 선생의 말처럼 '인생은 때로는 느슨하게, 때로는 타이트하게' 살아야 한다. 무협소설 주인공도 내내 싸움만 하지 않는다. 밥도 먹고, 사랑도 한다. 차이코프스키의 연주곡처럼 우리의 삶은 빠를 때도 있고 느릴 때도 있어야 하는 법이다.

상위 1%는 빨리 걷는 사람과 일하지 않는다

2023년 3월 31일 초판 1쇄 발행

지 은 이 | 장샤오헝
옮 긴 이 | 하은지
펴 낸 이 | 서장혁
책임편집 | 장진영
디 자 인 | 이새봄
마 케 팅 | 윤정아, 최은성

펴 낸 곳 | 토마토출판사
주   소 | 서울특별시 마포구 양화로161 케이스퀘어 727호
T E L | 1544-5383
홈페이지 | www.tomato4u.com
E-mail | edit@tomato4u.com
등   록 | 2012.1.11.
I S B N | 979-11-92603-19-3 (03190)